Herr Bertolt Brecht sagt

Bei Brecht gelesen und für Kinder und andere Leute ausgesucht,
zusammengestellt und angemerkt von
Monika und Martin Sperr
Guido Zingerl zeichnete die Bilder dazu

Weismann Verlag München

Ein besonderes Dankeschön sagen wir Frau Helene Brecht-Weigel und Herrn Siegfried Unseld, deren Genehmigung und freundliche Unterstützung dieses Buch möglich machten.

Die mit Sternchen versehenen Überschriften sind nicht von Brecht, sondern vom Herausgeber der Werkausgabe Bertolt Brecht.
Lizenzausgabe mit freundlicher Genehmigung des Suhrkamp Verlages.
Gedichte aus:
›Gedichte‹ Bde. I–VII © Copyright Suhrkamp Verlag 1960, 1961, 1964. ›Buckower Elegien‹ und ›Gedichte im Exil‹ © Copyright Stefan S. Brecht 1964. ›Gedichte‹ Bde. VIII–IX © Copyright Stefan S. Brecht 1965.
Texte aus:
›Flüchtlingsgespräche‹ © Copyright Suhrkamp Verlag 1961. ›Schriften zum Theater‹ I © Copyright Suhrkamp Verlag 1963. ›Schriften zur Literatur und Kunst‹ III und ›Schriften zur Politik und Gesellschaft‹ © Copyright Stefan S. Brecht 1967. ›Prosa‹ Bde. I, II und V © Copyright Stefan S. Brecht 1965.
Alle Rechte vorbehalten durch Suhrkamp Verlag, Frankfurt am Main.
© der Zusammenstellung, der Anmerkungen, der Vor- und Nachbemerkung und der Illustrationen Weismann Verlag, München 1970.
Umschlaggestaltung Hansjörg Langenfass, Ismaning.
Druck und Bindung G. J. Manz AG, Dillingen.
ISBN 3 921040 00 0

Das Vorwort von Monika und Martin Sperr

Brecht ist in der Bundesrepublik ein bekannter Name, was zu dem Mißverständnis führt, daß auch sein Werk bekannt ist. Doch kennt man hauptsächlich nur die sehr populären Songs aus der Dreigroschenoper. Die Theorien, Gedichte, Geschichten, ja selbst seine Stücke sind zum großen Teil unbekannt. Auch wenn Brecht als ›Klassiker‹ in manchen gutbürgerlichen Häusern und Bücherschränken rumsteht. Immerhin ist Brecht inzwischen selbst ins bundesdeutsche und sogar bayerische Schul-Lesebuch eingedrungen, allerdings in zumutbaren kleinen Prisen. Zwischen viel banalen Allerweltsweisheiten und langweiligen Unsere-heile-Welt-Geschichten kann man ihn auch überblättern. Was viele Lehrer in unseren Schulen tun, weil Brecht ein unbequemer Frager ist.
Brecht schreibt in seinem Lied des Stückeschreibers:
>Ich bin ein Stückeschreiber. Ich zeige
>was ich gesehen habe. Auf den Menschenmärkten
>habe ich gesehen, wie der Mensch gehandelt wird. Das
>zeige ich, ich, der Stückeschreiber.

Und Brecht ist dagegen, daß der Mensch gehandelt wird.
Brecht wurde in der Bundesrepublik jahrelang ignoriert, weil er auffordert zum richtigen Denken, das zum Handeln führt.
Und er fordert zum Ungehorsam auf. Denn er weiß: Wer sich in so ungewohntem und bei fast allen Eltern und Erziehern unbeliebtem Verhalten nicht übt, wird im Ausnahme-Notfall nicht Widerstand leisten können.
Brecht hat unter diesem Aspekt deutsche Geschichte geschrieben. Deshalb sind viele seiner Arbeiten in seinem Gesamtwerk historische Arbeiten, von der Zeit, in der sie entstanden sind, entschei-

dend mitgeprägt. Alle Arbeiten betreffen den Menschen – wie Menschen leben, welche Schwierigkeiten sie dabei haben, welchen Schwierigkeiten sie unterliegen und warum – und zeigen, daß die Welt veränderbar sein kann, wenn man die Umstände ändert. Brechts Arbeiten fordern dazu auf, unsere Gegenwart ähnlich kritisch zu betrachten. Deshalb sind sie, – egal ob 1920 oder 1950 geschrieben, – gleichermaßen für uns wichtig.

Brecht ist lustig und er nimmt an, daß Kinder denken können.
Wir sind derselben Meinung und haben danach die Auswahl für dieses Buch zusammengestellt. Das Buch ist keine Anthologie und hat deshalb kein Inhaltsverzeichnis. Wir haben die Texte in eine thematische Reihenfolge gebracht. Ein Gedicht ergänzt das andere oder leitet zur nächsten Geschichte weiter. Ihr werdet deshalb das größte Vergnügen haben, wenn ihr es als fortlaufendes Buch lest.
Brecht macht das Lesen nicht immer leicht, aber wenn man ihn verstanden hat, ist es meistens schön.
Wenn ihr etwas nicht sofort versteht, dann fragt und überlegt warum. Vielleicht liegt es auch daran, daß Brecht DDR-Bürger war und ihr wenig und noch weniger Genaues über die DDR in der Schule erfahrt.
Wenn man liest, was Brecht alles gegen Schule, falsche Erziehung und aufgeblasene Autoritäten während seines Lebens geäußert hat und wie nachdrücklich er darauf besteht und es geduldig beweist, daß Lernen ein nützlicher und schöner Vorgang ist, da Denken Spaß machen kann, dann muß man sich nicht wundern, wenn man in unseren Schulen so wenig über Brecht erfährt, sondern man muß verlangen, daß das geändert wird.
Deshalb muß man weder auf das Lachen und andere Genüsse noch auf den Spaß verzichten. Bei Brecht ist der Spaß dabei.

Eines nicht wie das andere

Grün sind die Sträucher
Im Ostergarten
Indes die Pappeln
Am Wasser noch warten.
Dort eine Wolke
Will sich beeilen
Hier eine weiße
Will noch verweilen.

Bruder und Schwester
Waschen die Teller.
Bruder wäscht langsam
Schwester wäscht schneller.
Nur unser Dicker
Tut nicht desgleichen
Sitzt noch am Tische
Und ißt noch sein Breichen.

Bei der Geburt eines Sohnes
(Nach dem Chinesischen des Su Tung-p'o, 1036–1101)

Familien, wenn ihnen ein Kind geboren ist
Wünschen es sich intelligent.
Ich, der ich durch Intelligenz
Mein ganzes Leben ruiniert habe
Kann nur hoffen, mein Sohn
Möge sich erweisen als
Unwissend und denkfaul.
Dann wird er ein ruhiges Leben haben
Als Minister im Kabinett.

Intelligenz
Das Erkenntnisvermögen. Nach Meinung der Herrschenden ist intelligent, wer die Meinung der Herrschenden richtig findet und sie anerkennt.

Märchen

Es war einmal ein Prinz, weit drüben im Märchenlande. Weil der nur ein Träumer war, liebte er es sehr, auf einer Wiese nahe dem Schlosse zu liegen und träumend in den blauen Himmel zu starren. Denn auf dieser Wiese blühten die Blumen größer und schöner wie sonstwo. –
Und der Prinz träumte von weißen, weißen Schlössern mit hohen Spiegelfenstern und leuchtenden Söllern.
Es geschah aber, daß der alte König starb. Nun wurde der Prinz sein Nachfolger. Und der neue König stand nun oft auf den Söllern von weißen, weißen Schlössern mit hohen Spiegelfenstern.
Und träumte von einer kleinen Wiese, wo die Blumen größer und schöner blühten, denn sonstwo.

Söller
Offener, meist überdachter Sommerwohnraum. Etwas erhöht auf einer Terrasse oder im ersten Stockwerk angebaut. Nicht zu verwechseln mit einem gewöhnlichen Balkon. Prinzen und Könige gucken von Söllern.

Vom Kind, das sich nicht waschen wollte

Es war einmal ein Kind
Das wollte sich nicht waschen.
Und wenn es gewaschen wurde, geschwind
Beschmierte es sich mit Aschen.

Der Kaiser kam zu Besuch
Hinauf die sieben Stiegen
Die Mutter suchte nach einem Tuch
Das Schmutzkind sauber zu kriegen.

Ein Tuch war grad nicht da
Der Kaiser ist gegangen
Bevor das Kind ihn sah
Das Kind konnt's nicht verlangen.

Kinderlied

1

Beiß, Greifer, beiß
Die Kohle hat 'nen Preis
Die Kohle, die ist schon bestellt
Der Millionär braucht wieder Geld
Das kostet uns viel Schweiß
Beiß, Greifer, beiß.

2

Die Kohle, die sauft Schweiß
Ohne Schweiß kein Preis!
Wenn ich mal zu lang scheißen tu
Dann steigt der Kohlenpreis im Nu
Bei Kind und Mann und Greis
Das Wasser, das ist Schweiß.

Kleines Bettellied

Singt noch ein Lied und denkt euch nur
Der Wirt hat seinen Pfennig an einer Schnur
Er führt ihn so wie einen Hund
Daß er ihm nie entlaufen kunnt.
Singt laut!
Daß er sich vor den Nachbarn nicht geizig zu sein traut.

Singt nicht nur laut, sondern auch schön
Das wird dem Wirt zu Herzen gehn.
Singt laut und schön und stellt den Fuß
In den Türspalt, daß er auflassen muß.
Im Nu
Sagt er dankschön und haut seine Tür vor euch zu.

Und wenn er in die Tasche greift
Dann denkt, wie schnell man eingeseift
Sagt dankschön, aber achtet scharf
Was er euch in die Büchse warf
Ein Schwein
Wirft da leicht noch geschickt einen Hosenknopf hinein.

kunnt
Daß es sich besser reimt. Eigentlich: »Daß er ihm nie entlaufen konnte.«

Die Rolle der Gefühle

Herr Keuner war mit seinem kleinen Sohn auf dem Land. Eines Vormittags traf er ihn in der Ecke des Gartens und weinend. Er erkundigte sich nach dem Grund des Kummers, erfuhr ihn und ging weiter. Als aber bei seiner Rückkehr der Junge immer noch weinte, rief er ihn her und sagte ihm: »Was hat es für einen Sinn zu weinen bei einem solchen Wind, wo man dich überhaupt nicht hört.« Der Junge stutzte, begriff diese Logik und kehrte, ohne weitere Gefühle zu zeigen, zu seinem Sandhaufen zurück.

Logik
Wissenschaft von den Formen und Gesetzen des Denkens und die Fähigkeit, folgerichtig zu denken. Wer logisch denken kann, sollte sich auch logisch verhalten.

Was ein Kind gesagt bekommt

Der liebe Gott sieht alles.
Man spart für den Fall des Falles.
Die werden nichts, die nichts taugen.
Schmökern ist schlecht für die Augen.
Kohlentragen stärkt die Glieder.
Die schöne Kinderzeit, die kommt nicht wieder.
Man lacht nicht über ein Gebrechen.
Du sollst Erwachsenen nicht widersprechen.
Man greift nicht zuerst in die Schüssel bei Tisch.
Sonntagsspaziergang macht frisch.

Zum Alter ist man ehrerbötig.
Süßigkeiten sind für den Körper nicht nötig.
Kartoffeln sind gesund.
Ein Kind hält den Mund.

Herr Keuner und die Zeichnung seiner Nichte*

Herr Keuner sah sich die Zeichnung seiner kleinen Nichte an. Sie stellte ein Huhn dar, das über einen Hof flog. »Warum hat dein Huhn eigentlich drei Beine?« fragte Herr Keuner. »Hühner können doch nicht fliegen«, sagte die kleine Künstlerin, »und darum brauchte ich ein drittes Bein zum Abstoßen.«
»Ich bin froh, daß ich gefragt habe«, sagte Herr Keuner.

Alfabet

Adolf Hitler, dem sein Bart
Ist von ganz besondrer Art.
Kinder, da ist etwas faul:
Ein so kleiner Bart und ein so großes Maul.

Balthasar war ein Bürstenbinder
Der hatte 27 Kinder
Die banden alle Bürsten.
Sie lebten nicht wie die Fürsten.

Christine hatte eine Schürze.
Die war von besonderer Kürze.
Sie hing sie nach hinten, sozusagen
Als Matrosenkragen.

Die Dichter und Denker
Holt in Deutschland der Henker.
Scheinen Mond und Sterne nicht
Ist die Kerze das einzige Licht.

Eventuell bekommst du Eis
Heißt, daß man es noch nicht weiß.
Eventuell ist überall
Besser als auf keinen Fall.

Ford hat ein Auto gebaut
Das fährt ein wenig laut.
Es ist nicht wasserdicht
Und fährt auch manchmal nicht.

Gehorsam ist ein großes Wort.
Meistens heißt es noch: Sofort.
Gern haben's die Herrn.
Der Knecht hat's nicht so gern.

Hindenburg war ein schlechter General
Sein Krieg nahm ein böses Ende.
Die Deutschen sagten: Teufel nochmal
Den machen wir zum Präsidente.

Indien ist ein reiches Land.
Die Engländer stehlen dort allerhand.
Die Leute in Indien
Müssen sich drein findien.

Katzen sind, wenn sie geboren
Werden, meistens schon verloren.
Da man sie ins Wasser hängt
Werden sie ertränkt.

Luise heulte immer gleich.
Der Gärtner grub einen kleinen Teich.
Da kamen alle Tränen hinein:
Ein Frosch schwamm drin mit kühlem Bein.

Mariechen auf der Mauer stund
Sie hatte Angst vor einem Hund.
Der Hund hatte Angst vor der Marie
Weil sie immer so laut schrie.

Neugieriges Lieschen
Fand ein Radieschen
In Tantes Klavier
Das Radieschen gehörte ihr.

Oben im Himmel
Ist ein schwarzer Schimmel
Den zieht der liebe Gott.
Der Schimmel schreit: Hüh! Hott!

Pfingsten
Sind die Geschenke am geringsten.
Während Geburtstag, Ostern und Weihnachten
Etwas einbrachten.

Quallen im Sund
Sind kein schöner Fund.
Die roten beißen.
Aber man soll keinen Stein drauf schmeißen.
(Weil sie sonst reißen.)

Reicher Mann und armer Mann
Standen da und sahn sich an.
Und der Arme sagte bleich:
Wär ich nicht arm, wärst du nicht reich.

Steff sitzt lang auf dem Abort
Denn er nimmt ein Buch nach dort.
Ist das Buch dann dick
Kommt er erst am nächsten Tag zurück.

Tom hat einen Hut aus Holz.
Auf den ist er schrecklich stolz.
Er hat ein Nudelbrett aufs Klavier gelegt
Und ihn ausgesägt.

Uhren wirft man nicht in den See.
Es tut ihnen zwar nicht weh
Sie können nur nicht schwimmen
Und werden danach nicht mehr stimmen.

Veilchen stellt ein braves Kind
In ein Glas, wenn es sie find't.
Findet sie jedoch die Kuh
Frißt sie sie und schmatzt dazu.

Wie bös man's mit dir meint
Darfst eines nicht vergessen:
Wenn der Rettich nicht weint
Wird er auch nicht gefressen.

Xantippe sprach zu Sokrates:
»Du bist schon wieder blau?«
Er sprach: »Bist du auch sicher des?«
Er gilt noch heut als Philosoph
Und sie als böse Frau.

Ypern in Flandern
1917
Mancher, der diesen Ort gesehn
Sah nie mehr einen andern.

Zwei Knaben stiegen auf die Leiter
Der obere war etwas gescheiter.
Der untere war etwas dumm.
Auf einmal fiel die Leiter um.

Alfabet
Schrieb Brecht für seine eigenen Kinder in der Emigration, nachdem er Deutschland wegen Adolf Hitler verlassen mußte. Ein Emigrant ist jemand, der freiwillig aus einem Land weggeht, bevor man ihn hinaus oder unter die Erde prügelt.
Adolf Hitler
Ein deutscher Führer. Er führte von 1933 bis 1945 und mitten hinein ins Massengrab. Er machte seine Geschäfte mit Lügen und Bomben und anderen Vernichtungswaffen. Die Massenvernichtung von Menschen wurde unter seiner Führung zur alltäglichen Arbeitsbeschäftigung (Arbeitslager, Konzentrationslager, Rüstungsindustrie usw.). Er überfiel Polen und andere Staaten und begann den 2. Weltkrieg.
Hindenburg
Ein Großer Krieger und der volkstümlichste deutsche Heerführer des 1. Weltkrieges. Später machte man ihn zum Präsidenten und als solcher beauftragte er Hitler 1933 mit der Regierungsneubildung und verhalf ihm dadurch mit zur Macht.
Ypern in Flandern
Manche Städte werden durch Schlachten berühmt. Um Ypern war eine große im 1. Weltkrieg. Die Stadt konnte von den Deutschen, trotz hoher Totenzahlen, nicht erstürmt werden. Inzwischen sind wir zwar an sehr viel größere Kriegstotenzahlen gewöhnt worden, – aber damals war's noch eine Sensation.

Patriotismus

Sich mit dem Staat abfinden, ist so notwendig als: sich mit dem Scheißen abfinden. Aber den Staat lieben ist nicht *so* notwendig.

Patriotismus
Vaterlandsliebe. Im erträglichsten Fall verbunden mit der Achtung vor anderen Völkern, ihrer Freiheit und Unabhängigkeit. Im schlimmsten und bisher üblichsten Fall ist ein guter Patriot, wer jederzeit und fröhlich sich für sein Vaterland totschießen läßt.

Grabschrift 1919

Die rote Rosa nun auch verschwand.
Wo sie liegt, ist unbekannt.
Weil sie den Armen die Wahrheit gesagt
Haben die Reichen sie aus der Welt gejagt.

rote Rosa
Gemeint ist Rosa Luxemburg. Sie war radikale Sozialistin und kämpfte für eine gerechtere Welt. Sie war bei den Herrschenden unbeliebt. Sie wurde von Regierungstruppen ohne Gerichtsverfahren aber regierungstreu erschossen. Das war 1919.

Wiegenlieder

I

Als ich dich gebar, schrien deine Brüder
Schon um Suppe, und ich hatte sie nicht.
Als ich dich gebar, hatten wir kein Geld für den Gasmann
So empfingst du von der Welt wenig Licht.

Als ich dich trug all die Monate
Sprach ich mit deinem Vater über dich.
Aber wir hatten das Geld nicht für den Doktor
Das brauchten wir für den Brotaufstrich.

Als ich dich empfing, hatten wir
Fast schon alle Hoffnung auf Brot und Arbeit begraben
Und nur bei Karl Marx und Lenin stand
Wie wir Arbeiter eine Zukunft haben.

II

Als ich dich in meinem Leib trug
War es um uns gar nicht gut bestellt
Und ich sagte oft: der, den ich trage
Kommt in eine schlechte Welt.

Und ich nahm mir vor, zu sorgen
Daß er sich da etwa auch nicht irrt.
Den ich trage, der muß sorgen helfen
Daß sie endlich besser wird.

Und ich sah die Kohlenberge
Mit 'nem Zaun drum. Sagt ich: nicht gehärmt!
Den ich trage, der wird dafür sorgen
Daß ihn diese Kohle wärmt.

Und ich sah Brot hinter Fenstern
Und es war den Hungrigen verwehrt.
Den ich trage, sagt ich, der wird sorgen
Daß ihn dieses Brot da nährt.

Und sie holten seinen Vater
In den Krieg, und ist nicht heimgekehrt.
Den ich trage, sagt ich, der wird sorgen
Daß ihm das nicht widerfährt.

Als ich dich in meinem Leibe trug
Sprach ich leise oft in mich hinein:
Du, den ich in meinem Leibe trage
Du mußt unaufhaltsam sein.

III
Ich habe dich ausgetragen
Und das war schon Kampf genug.
Dich empfangen hieß etwas wagen
Und kühn war es, daß ich dich trug.

Der Moltke und der Blücher
Die könnten nicht siegen, mein Kind
Wo schon ein paar Windeln und Tücher
Riesige Siege sind.

Brot und ein Schluck Milch sind Siege!
Warme Stube: gewonnene Schlacht!
Eh ich dich da groß kriege
Muß ich kämpfen Tag und Nacht.

Denn für dich ein Stück Brot erringen
Das heißt Streikposten stehn
Und große Generäle bezwingen
Und gegen Tanks angehn.

Doch hab ich im Kampf dich Kleinen
Erst einmal groß gekriegt
Dann hab ich gewonnen einen
Der mit uns kämpft und siegt.

IV
Mein Sohn, was immer auch aus dir werde
Sie stehn mit Knüppeln bereit schon jetzt
Denn für dich, mein Sohn, ist auf dieser Erde
Nur der Schuttablagerungsplatz da, und der ist besetzt.

Mein Sohn, laß es dir von deiner Mutter sagen:
Auf dich wartet ein Leben, schlimmer als die Pest.
Aber ich habe dich nicht dazu ausgetragen
Daß du dir das einmal ruhig gefallen läßt.

Was du nicht hast, das gib nicht verloren.
Was sie dir nicht geben, sieh zu, daß du's kriegst.
Ich, deine Mutter, hab dich nicht geboren
Daß du eines Nachts unter Brückenbögen liegst.

Vielleicht bist du nicht aus besonderem Stoffe
Ich hab nicht Geld für dich noch Gebet
Und ich baue auf dich allein, wenn ich hoffe
Daß du nicht an Stempelstellen lungerst und deine Zeit vergeht.

Wenn ich nachts schlaflos neben dir liege
Fühle ich oft nach deiner kleinen Faust.
Sicher, sie planen mit dir jetzt schon Kriege –
Was soll ich nur machen, daß du nicht ihren dreckigen Lügen traust?

Deine Mutter, mein Sohn, hat dich nicht betrogen
Daß du etwas ganz Besonderes seist
Aber sie hat dich auch nicht mit Kummer aufgezogen
Daß du einst im Stacheldraht hängst und nach Wasser schreist.

Mein Sohn, darum halte dich an deinesgleichen
Damit ihre Macht wie ein Staub zerstiebt.
Du, mein Sohn, und ich und alle unsresgleichen
Müssen zusammenstehn und müssen erreichen
Daß es auf dieser Welt nicht mehr zweierlei Menschen gibt.

Karl Marx und Lenin:
Beide haben Bücher geschrieben, die viel gelesen werden sollten. Sie entwickelten – in verschiedenen Geschichtsepochen – die Wissenschaft von den Entwicklungsgesetzen der Gesellschaft, von der Revolution der unterdrückten und ausgebeuteten Massen, von der Gründung der sozialistischen Gesellschaft durch die Arbeiterklasse, die Theorie vom Sieg des Sozialismus in allen Ländern.

Moltke und Blücher
Beide waren deutsche Heerführer aus Uradelsgeschlechtern. Der eine kämpfte gegen die Franzosen zu Zeiten Napoleons und der andere bekämpfte die Franzosen zu Zeiten Bismarcks. Beide siegten für Preußens Glanz und Gloria. Zum Glück gibt es trotzdem noch Franzosen.

Die Dauer des Regimes*

Einer ihrer Führer schätzte die Dauer des Regimes auf zehntausend Jahre. Ein zweiter berechnete sie auf dreißigtausend Jahre – auf längere Zeit wollte auch er sich nicht festlegen. Das ist verständlich, denn wer weiß überhaupt, ob der Planet länger von Menschen bewohnt sein wird. Es ist schon zweifelhaft, ob er es jetzt noch ist. Voraussagen über diese Zeit hinaus wären unsicher. Die Zeit ist schließlich auch lang genug; nicht für die deutschen Nationalsozialisten, aber für die andern Leute. Übrigens ist auch die verschiedene Bemessung der vermutlichen Dauer des Regimes verständlich, da gewisse beunruhigende Faktoren, wie etwa die faktisch elende Lage von neun Zehntel der Bevölkerung sowie eine gewisse außenpolitische Isolierung Deutschlands es etwas fraglich machen, ob das Regime den nächsten Winter überdauert.

Nationalsozialisten
Hitlers Gefolgsleute. Sie gehörten der NSDAP (der National-Sozialistischen-Deutschen-Arbeiter-Partei) an, die die offizielle Regierungspartei war, nachdem Hitler die anderen Parteien entweder verboten oder zur Auflösung gezwungen hatte. So konnte die NSDAP von der völligen Einheit von Staat, Partei und Volk lügen.

Kinderkreuzzug

In Polen, im Jahr Neununddreißig
War eine blutige Schlacht
Die hatte viele Städte und Dörfer
Zu einer Wildnis gemacht.

Die Schwester verlor den Bruder
Die Frau den Mann im Heer;
Zwischen Feuer und Trümmerstätte
Fand das Kind die Eltern nicht mehr.

Aus Polen ist nichts mehr gekommen
Nicht Brief noch Zeitungsbericht.
Doch in den östlichen Ländern
Läuft eine seltsame Geschicht.

Schnee fiel, als man sich's erzählte
In einer östlichen Stadt
Von einem Kinderkreuzzug
Der in Polen begonnen hat.

Da trippelten Kinder hungernd
In Trüpplein hinab die Chausseen
Und nahmen mit sich andere, die
In zerschossenen Dörfern stehn.

Sie wollten entrinnen den Schlachten
Dem ganzen Nachtmahr
Und eines Tages kommen
In ein Land, wo Frieden war.

Da war ein kleiner Führer
Das hat sie aufgericht'.
Er hatte eine große Sorge:
Den Weg, den wußte er nicht.

Eine Elfjährige schleppte
Ein Kind von vier Jahr
Hatte alles für eine Mutter
Nur nicht ein Land, wo Frieden war.

Ein kleiner Jude marschierte im Trupp
Mit einem samtenen Kragen
Der war das weißeste Brot gewohnt
Und hat sich gut geschlagen.

Und ging ein dünner Grauer mit
Hielt sich abseits in der Landschaft.
Er trug an einer schrecklichen Schuld:
Er kam aus einer Nazigesandtschaft.

Und da war ein Hund
Gefangen zum Schlachten
Mitgenommen als Esser
Weil sie's nicht übers Herz brachten.

Da war eine Schule
Und ein kleiner Lehrer für Kalligraphie.
Und ein Schüler an einer zerschossenen Tankwand
Lernte schreiben bis Fri ...

Da war auch eine Liebe.
Sie war zwölf, er war fünfzehn Jahr.
In einem zerschossenen Hofe
Kämmte sie ihm sein Haar.

Die Liebe konnte nicht bestehen
Es kam zu große Kält:
Wie sollen die Bäumchen blühen
Wenn so viel Schnee drauf fällt?

Da war auch ein Begräbnis
Eines Jungen mit samtenem Kragen
Der wurde von zwei Deutschen
Und zwei Polen zu Grab getragen.

Protestant, Katholik und Nazi war da
Ihn der Erde einzuhändigen.
Und zum Schluß sprach ein kleiner Kommunist
Von der Zukunft der Lebendigen.

So gab es Glaube und Hoffnung
Nur nicht Fleisch und Brot.
Und keiner schelt sie mir, wenn sie was stahln
Der ihnen nicht Obdach bot.

Und keiner schelt mir den armen Mann
Der sie nicht zu Tische lud:
Für ein halbes Hundert, da braucht es
Mehl, nicht Opfermut.

Sie zogen vornehmlich nach Süden.
Süden ist, wo die Sonn
Mittags um zwölf steht
Gradaus davon.

Sie fanden zwar einen Soldaten
Verwundet im Tannengries.
Sie pflegten ihn sieben Tage
Damit er den Weg ihnen wies.

Er sagte ihnen: Nach Bilgoray!
Muß stark gefiebert haben
Und starb ihnen weg am achten Tag.
Sie haben auch ihn begraben.

Und da gab es ja Wegweiser
Wenn auch vom Schnee verweht
Nur zeigten sie nicht mehr die Richtung an
Sondern waren umgedreht.

Das war nicht etwa ein schlechter Spaß
Sondern aus militärischen Gründen.
Und als sie suchten nach Bilgoray
Konnten sie es nicht finden.

Sie standen um ihren Führer.
Der sah in die Schneeluft hinein
Und deutete mit der kleinen Hand
Und sagte: Es muß dort sein.

Einmal, nachts, sahen sie ein Feuer
Da gingen sie nicht hin.
Einmal rollten drei Tanks vorbei
Da waren Menschen drin.

Einmal kamen sie in eine Stadt
Da machten sie einen Bogen.
Bis sie daran vorüber waren
Sind sie nur nachts weitergezogen.

Wo einst das südöstliche Polen war
Bei starkem Schneewehn
Hat man die fünfundfünfzig
Zuletzt gesehn.

Wenn ich die Augen schließe
Seh ich sie wandern
Von einem zerschossenen Bauerngehöft
Zu einem zerschossenen andern.

Über ihnen, in den Wolken oben
Seh ich andre Züge, neue, große!
Mühsam wandernd gegen kalte Winde
Heimatlose, Richtungslose

Suchend nach dem Land mit Frieden
Ohne Donner, ohne Feuer
Nicht wie das, aus dem sie kamen
Und der Zug wird ungeheuer.

Und er scheint mir durch den Dämmer
Bald schon gar nicht mehr derselbe:
Andere Gesichtlein seh ich
Spanische, französische, gelbe!

In Polen, in jenem Januar
Wurde ein Hund gefangen
Der hatte um seinen mageren Hals
Eine Tafel aus Pappe hangen.

Darauf stand: Bitte um Hilfe!
Wir wissen den Weg nicht mehr
Wir sind fünfundfünfzig
Der Hund führt euch her.

Wenn ihr nicht kommen könnt
Jagt ihn weg.
Schießt nicht auf ihn
Nur er weiß den Fleck.

Die Schrift war eine Kinderhand.
Bauern haben sie gelesen.
Seitdem sind eineinhalb Jahre um.
Der Hund ist verhungert gewesen.

Nachtmahr
Alpdrücken, böse Träume. Auch wenn man nicht träumt. Da die Wirklichkeit auf unsere Träume einen großen Einfluß hat, sollte man auch die Wirklichkeit nach Nachtmahren untersuchen.
Kalligraphie
Hat nichts mit Kalle zu tun. Es ist die Schönschreibekunst.
Katholik
Jemand, der katholisch an Christus glaubt. Die Krönung der katholischen Kirche ist der Papst, Oberhaupt aller Katholiken. Wer katholisch glaubt, muß ihm gehorchen.
Die Kirche ist ein sehr großes und reiches Wirtschaftsunternehmen.
Protestant
Jemand, der protestantisch an Christus glaubt. Die protestantischen Fürstenhäuser spalteten sich aus wirtschaftlichen Gründen vom katholischen Österreich ab und richteten es sich selbständig.
Kommunist
Im Idealfall ist ein Kommunist jemand, der sich für die Beseitigung der Ausbeutung des Menschen durch den Menschen und aktiv für den Grundsatz einsetzt: »Alles soll allen gehören« und »Jeder nach seinen Fähigkeiten, jedem nach seinen Bedürfnissen.«

Das barmherzige Rote Kreuz

Als der Krieg anfing, brauchte man viel weibliches Pflegepersonal. Man machte nur eine einzige Probe mit denen, die sich meldeten. Man fragte sie, ob sie lieber Offiziere werden wollten oder gemeine Pflegerinnen. Die lieber Offiziere werden wollten, führte man in ein Zimmer und sagte ihnen, daß man sie nicht brauchen könne, weil man keine Offiziere brauche. Aber alle andern nahm man. Es waren auch viele Straßenmädchen darunter, denn die konnten jetzt nicht mehr genug verdienen. Die Pflegerinnen waren nicht ganz von Anfang an gut; die Aufsichtspersonen mußten lange Zeit jede Stunde in der Nacht aufstehen, um zu inspizieren, damit die Pflegerinnen nicht einschliefen. – Als der Krieg zu Ende war, konnte man sie nicht mehr brauchen und warf sie auf die Straße. Dazu brauchte man keine Probe.

Rotes Kreuz
Eine Organisation und ein Zeichen. Es bedeutet, daß die Menschen beim gegenseitigen sich Abschlachten ein gewisses fair play einhalten sollen. Der verwundete Krieger darf verbunden und aus der Schlacht getragen werden, damit er wieder einsatzfähig wird. Die Helfer des Roten Kreuzes dürfen bei ihren Samariterdiensten nicht beschossen werden. Nicht alle kennen die Regel und schießen trotzdem.
Das Rote Kreuz sammelt auch Spenden für Brot für die Hungernden in der Welt.
Inspizieren
Das Vergnügen, zu beaufsichtigen, das immer den Leuten der übergeordneten Stellungen vorbehalten bleibt. Erleiden tut das Inspizieren immer der Untergebene.

Der Tod der Frommen

Die Schwester meiner Großmutter war sehr fromm. Sie hatte vierhundert Kronen Rente im Jahr und ein Zimmer bei ihrer Schwester, meiner Großmutter. Dieser gab sie das Geld, von dem für sie gekauft wurde, was sie brauchte. So mußte sie kein Geld in die Hand nehmen. Sie verdiente noch etwas Geld zu, indem sie Strümpfe strickte, das Paar für 25 Öre. Aus dem Erlös beschenkte sie die Armen. Sie trug niemals Schmuck, nicht einmal eine Brosche; ihr Kleid war am Hals durch einen Haken zusammengehalten. Einunddasselbe Kleid trug sie 30 Jahre lang. In der zweiten Hälfte ihres Lebens lernte sie ohne Lehrer Griechisch und Lateinisch, aber dennoch lebte sie auch dann noch mit nur zwei Büchern, einer Bibel und einem Kleinen Katechismus. Sie wurde 85 Jahre alt. Ihr Todeskampf dauerte aber 3 volle Tage. Im Fieber sprach sie oft von Napoleon, den sie in ihrer Jugend verehrt hatte. Außerdem versuchte sie ununterbrochen zu beten, hatte aber die Worte des Vaterunsers vergessen, was sie sehr quälte. Dieser Tod brachte mich um den Rest meines Glaubens an Gott.

Ballade vom Pfund

Als unser Herr auf Erden
In Sprüchen sich erging
Da hieß er uns bewerten
Den Wucher nicht gering.

Er riet all den Besuchern
Die er bei sich empfing
Mit ihrem Pfund zu wuchern
So gut es irgend ging.

Und daß er Ihm gefalle
Strengt sich ja jeder an!
So wucherten denn alle
Die's vordem auch getan.

Und sieht man's denn nicht stündlich
Auf Erden weit und breit
Daß Gott dem, der nicht gründlich
Mitwuchert, nicht verzeiht?

Nur, die kein Pfündlein haben
Was machen denn dann die?
Die lassen sich wohl begraben
Und es geht ohne sie?

Nein, nein, wenn die nicht wären
Dann gäb's ja gar kein Pfund
Denn ohne ihr' Schwielen und Schwären
Macht keiner sich gesund.

Wucher
Es liegt vor allem mit am Wucher, daß in unserer Welt die Reichen immer reicher und die Armen immer ärmer werden. Der Gegensatz zwischen den wenigen reichen und den vielen armen Ländern auf unserer Erde zeigt, wie emsig gewuchert wird. Der Wucher macht, daß der, der hat, immer mehr will und kriegt und hat, weil er es dem Ärmeren wegnimmt. Der, der nichts hat, der kriegt auch nichts, denn er hat ja keine Pfunde mit denen er wuchern kann.

Der Gottseibeiuns

Herr Bäcker, das Brot ist verbacken!
Das Brot kann nicht verbacken sein
Ich gab so schönes Mehl hinein
Und gab auch schön beim Backen acht
Und sollt es doch verbacken sein
Dann hat's der Gottseibeiuns gemacht
Der hat das Brot verbacken.

Herr Schneider, der Rock ist verschnitten!
Der Rock kann nicht verschnitten sein
Ich fädelte selber die Nadel ein
Und gab sehr mit der Schere acht
Und sollt er doch verschnitten sein
Dann hat's der Gottseibeiuns gemacht
Der hat den Rock verschnitten.

Herr Maurer, die Wand ist geborsten!
Die Wand kann nicht geborsten sein
Ich setzte selber Stein auf Stein
Und gab auch auf den Mörtel acht
Und sollt sie doch geborsten sein
Dann hat's der Gottseibeiuns gemacht
Der hat die Wand geborsten.

Herr Kanzler, die Leut sind verhungert!
Die Leute können nicht verhungert sein
Ich nehme selber nicht Fleisch, nicht Wein

Und rede für euch Tag und Nacht
Und solltet ihr doch verhungert sein
Dann hat's der Gottseibeiuns gemacht
Der hat euch ausgehungert.

Liebe Leut, der Kanzler hänget!
Der Kanzler kann nicht gehänget sein
Er hat sich geschlossen ein
Und war von tausend Mann bewacht
Und sollt er doch gehänget sein
Dann hat's der Gottseibeiuns gemacht
Der hat den Kanzler gehänget.

Kanzler
Gemeint ist Adolf Hitler.

Aberglaube

Vierblättriges Kleeblatt
Lieschen fand's am Rain.
Vor Freude es zu haben
Sprang Lieschen übern Graben
Und brach ihr bestes Bein.

Spinnelein am Morgen
Lieschen wurd es heiß.
Der Tag bracht keinen Kummer
Und abends vor dem Schlummer
Bracht Vater Himbeereis.

Der Storch bringt nicht die Kinder.
Die Sieben bringt kein Glück.
Und einen Teufel gibt es nicht
In unsrer Republik.

Aberglaube
Eine Leidenschaft, die meistens die Leute haben,
die wenig wissen, viel aber glauben.
Unsere Republik
Die Deutsche Demokratische Republik,
kurz auch DDR, in der Brecht lebte.

Nachkriegsliedchen

Tanz, Kreisel, tanz!
Die Straß ist wieder ganz.
Der Vater baut ein großes Haus
Die Mutter sucht die Steine aus.
Tanz, Kreisel, tanz!

Flieg, Drache, flieg!
Am Himmel ist kein Krieg.
Und reißt die Schnur, dann fliegt das Ding
Hoch über Moskau bis Peking.
Flieg, Drache, flieg!

Liedchen aus alter Zeit
(nicht mehr zu singen!)

Eins. Zwei. Drei. Vier.
Vater braucht ein Bier.
Vier. Drei. Zwei. Eins.
Mutter braucht keins.

Wo soll das hin?

Großvater Stöffel
Ißt den Brotaufstrich mit dem Löffel
Die krumme Line
Kocht das Pferdefleisch mit Margarine
Witwe Plem wäscht ihrem Großen
Zweimal die Woche die Unterhosen
Die Familie Schober
Heizte voriges Jahr schon im Oktober
Bei Dreher Fichte
Brennt oft noch nach neun Uhr das Lichte.
Wenn man so etwas hört, sagt man: unbesehn
Ein solches Volk muß untergehn!

Der Schneider von Ulm
(Ulm 1592)

Bischof, ich kann fliegen
Sagte der Schneider zum Bischof.
Paß auf, wie ich's mach!
Und er stieg mit so 'nen Dingen
Die aussahn wie Schwingen
Auf das große, große Kirchendach.

    Der Bischof ging weiter.
    Das sind lauter so Lügen
    Der Mensch ist kein Vogel
    Es wird nie ein Mensch fliegen
    Sagte der Bischof vom Schneider.

Der Schneider ist verschieden
Sagten die Leute dem Bischof.
Es war eine Hatz.
Seine Flügel sind zerspellet
Und er liegt zerschellet
Auf dem harten, harten Kirchenplatz.

    Die Glocken sollen läuten
    Es waren nichts als Lügen
    Der Mensch ist kein Vogel
    Es wird nie ein Mensch fliegen
    Sagte der Bischof den Leuten.

Der Mantel des Ketzers

Giordano Bruno, der Mann aus Nola, den die römischen Inquisitionsbehörden im Jahre 1600 auf dem Scheiterhaufen wegen Ketzerei verbrennen ließen, gilt allgemein als ein großer Mann, nicht nur wegen seiner kühnen und seitdem als wahr erwiesenen Hypothesen über die Bewegungen der Gestirne, sondern auch wegen seiner mutigen Haltung gegenüber der Inquisition, der er sagte: »Ihr verkündet das Urteil gegen mich mit vielleicht größrer Furcht, als ich es anhöre.« Wenn man seine Schriften liest und dazu noch einen Blick in die Berichte von seinem öffentlichen Auftreten wirft, so fehlt einem tatsächlich nichts dazu, ihn einen großen Mann zu nennen. Und doch gibt es eine Geschichte, die unsere Achtung vor ihm vielleicht noch steigern kann.
Es ist die Geschichte von seinem Mantel.
Man muß wissen, wie er in die Hände der Inquisition fiel.
Ein Venetianer Patrizier, ein gewisser Mocenigo, lud den Gelehrten in sein Haus ein, damit er ihn in der Physik und der Gedächtniskunst unterrichte. Er bewirtete ihn ein paar Monate lang und bekam als Entgelt den ausbedungenen Unterricht. Aber an Stelle einer Unterweisung in schwarzer Magie, die er sich erhofft hatte, erhielt er nur eine solche in der Physik. Er war darüber sehr unzufrieden, da ihm dies ja zu nichts nutzte. Die Kosten, die ihm sein Gast verursachte, reuten ihn. Mehrmals ermahnte er ihn ernstlich, ihm endlich die geheimen und lukrativen Kenntnisse auszuliefern, die ein so berühmter Mann doch wohl besitzen mußte, und als das nichts half, denunzierte er ihn brieflich der Inquisition. Er schrieb, dieser schlechte und undankbare Mensch habe in seiner Gegenwart

übel von Christus gesprochen, von den Mönchen gesagt, sie seien Esel und verdummten das Volk, und außerdem behauptet, es gebe, im Gegensatz zu dem, was in der Bibel stehe, nicht nur eine Sonne, sondern unzählige usw. usw. Er, Mocenigo, habe ihn deshalb in seiner Bodenkammer eingeschlossen und bitte, ihn schnellstens von Beamten abholen zu lassen.

Die Beamten kamen auch mitten in der Nacht von einem Sonntag auf einen Montag und holten den Gelehrten in den Kerker der Inquisition.

Das geschah am Montag, dem 25. Mai 1592, früh 3 Uhr, und von diesem Tag bis zu dem Tag, an dem er den Scheiterhaufen bestieg, dem 17. Februar 1600, kam der Nolaner nicht mehr aus den Kerkern heraus.

Während der acht Jahre, die der schreckliche Prozeß dauerte, kämpfte er ohne Ermattung um sein Leben, jedoch war der Kampf, den er im ersten Jahr in Venedig gegen seine Auslieferung nach Rom führte, vielleicht der verzweifeltste.

In diese Zeit fällt die Geschichte mit seinem Mantel.

Im Winter 1592 hatte er sich, damals noch in einem Hotel wohnend, von einem Schneider namens Gabriele Zunto einen dicken Mantel anmessen lassen. Als er verhaftet wurde, war das Kleidungsstück noch nicht bezahlt.

Auf die Kunde von der Verhaftung stürzte der Schneider zum Haus des Herrn Mocenigo in der Gegend von Sankt Samuel, um seine Rechnung vorzulegen. Es war zu spät. Ein Bedienter des Herrn Mocenigo wies ihm die Tür. »Wir haben für diesen Betrüger genug bezahlt«, schrie er so laut auf der Schwelle, daß einige Passanten sich umwandten. »Vielleicht laufen Sie ins Tribunal des Heiligen Offiziums und sagen dort, daß Sie mit diesem Ketzer zu tun haben.«

Der Schneider stand erschrocken auf der Straße. Ein Haufen von Gassenjungen hatte alles mit angehört, und einer von ihnen, ein pustelnübersäter, zerlumpter Knirps, warf einen Stein nach ihm. Es kam zwar eine ärmlich gekleidete Frau aus einer Tür und gab ihm eine Ohrfeige, aber Zunto, ein alter Mann, fühlte deutlich, daß es gefährlich sei, einer zu sein, der »mit diesem Ketzer etwas zu tun hatte«. Er lief, sich scheu umschauend, um die Ecke und auf einem großen Umweg nach Hause. Seiner Frau erzählte er nichts von seinem Unglück, und sie wunderte sich eine Woche lang über sein niedergedrücktes Wesen.

Aber am 1. Juni entdeckte sie beim Ausschreiben der Rechnungen, daß da ein Mantel nicht bezahlt war von einem Mann, dessen Namen auf aller Lippen war, denn der Nolaner war das Stadtgespräch. Die fürchterlichsten Gerüchte über seine Schlechtigkeit liefen um. Er hatte nicht nur die Ehe in den Kot gezogen, sowohl in Büchern als auch in Gesprächen, sondern auch Christus selber einen Scharlatan geheißen und die verrücktesten Sachen über die Sonne gesagt. Es paßte sehr gut dazu, daß er seinen Mantel nicht bezahlt hatte. Die gute Frau hatte nicht die geringste Lust, diesen Verlust zu tragen. Nach einem heftigen Zank mit ihrem Mann ging die Siebzigjährige in ihren Sonntagskleidern in das Gebäude des Heiligen Offiziums und verlangte mit bösem Gesicht die zweiunddreißig Skudi, die ihr der verhaftete Ketzer schuldete.

Der Beamte, mit dem sie sprach, schrieb ihre Forderung nieder und versprach, der Sache nachzugehen.

Zunto erhielt denn auch bald eine Vorladung, und zitternd und schlotternd meldete er sich in dem gefürchteten Gebäude. Zu seinem Erstaunen wurde er nicht ins Verhör genommen, sondern nur verständigt, daß bei der Regelung der finanziellen Angelegenheiten des Verhafteten seine Forderung berücksichtigt werden sollte. Allerdings deutete der Beamte an, viel werde dabei nicht herauskommen.

Der alte Mann war so froh, so billig wegzukommen, daß er sich untertänig bedankte. Aber seine Frau war nicht zufriedengestellt. Es genügte, den Verlust wiedergutzumachen, nicht, daß ihr Mann auf seinen abendlichen Schoppen verzichtete und bis in die Nacht hinein nähte. Da waren Schulden beim Stoffhändler, die bezahlt werden mußten. Sie schrie in der Küche und auf dem Hof herum, daß es eine Schande sei, einen Verbrecher in Gewahrsam zu nehmen, bevor er seine Schulden bezahlt habe. Sie werde, wenn nötig, bis zum Heiligen Vater nach Rom gehen, um ihre zweiunddreißig Skudi zu bekommen. »Er braucht keinen Mantel auf dem Scheiterhaufen«, schrie sie.

Sie erzählte, was ihnen passiert war, ihrem Beichtvater. Er riet ihr, zu verlangen, daß ihnen wenigstens der Mantel herausgegeben würde. Sie sah darin ein Eingeständnis von seiten einer kirchlichen Instanz, daß sie einen Anspruch hatte, und erklärte, mit dem Mantel, der sicher schon getragen und außerdem auf Maß gearbeitet sei, keineswegs zufrieden zu sein. Sie müsse das Geld bekommen. Da sie dabei ein wenig laut wurde in ihrem Eifer, warf der Pater sie hinaus.

Das brachte sie ein wenig zu Verstand, und einige Wochen verhielt sie sich ruhig. Aus dem Gebäude der Inquisition verlautete nichts mehr über den Fall des verhafteten Ketzers. Jedoch flüsterte man sich überall zu, daß die Verhöre ungeheuerliche Schandtaten zutage förderten. Die Alte horchte gierig herum nach all diesem Tratsch. Es war eine Tortur für sie, zu hören, daß die Sache des Ketzers so schlecht stand. Er würde nie mehr freikommen und seine Schulden bezahlen können. Sie schlief keine Nacht mehr, und im

August, als die Hitze ihre Nerven vollends ruinierte, fing sie an, in den Geschäften, wo sie einkaufte, und Kunden gegenüber, die zum Anprobieren kamen, ihre Beschwerde mit großer Zungengeläufigkeit vorzubringen. Sie deutete an, daß die Patres eine Sünde begingen, wenn sie die berechtigten Forderungen eines kleinen Handwerkers so gleichgültig abtaten. Die Steuern waren drückend, und das Brot hatte erst kürzlich wieder aufgeschlagen.
Eines Vormittags holte ein Beamter sie in das Gebäude des Heiligen Offiziums, und dort verwarnte man sie eindringlich, ihr böses Geschwätz aufzugeben. Man fragte sie, ob sie sich nicht schäme, wegen einiger Skudi ein sehr ernstes geistliches Verfahren im Mund herumzuziehen. Man gab ihr zu verstehen, daß man gegen Leute ihres Schlages allerlei Mittel besäße. Eine Zeitlang half das, wenn ihr auch bei dem Gedanken an die Redensart »wegen einiger Skudi« im Maul eines herausgefressenen Bruders jedesmal die Zornröte ins Gesicht stieg. Aber im September hieß es, der Großinquisitor in Rom habe die Auslieferung des Nolaners verlangt. Man verhandle in der Signoria darüber.
Die Bürgerschaft besprach dieses Auslieferungsgesuch, und die Stimmung war im allgemeinen dagegen. Die Zünfte wollten keine römischen Gerichte über sich wissen.
Die Alte war außer sich. Wollte man den Ketzer jetzt wirklich nach Rom gehen lassen, ohne daß er seine Schulden beglichen hatte? Das war der Gipfel. Sie hatte die unglaubliche Nachricht kaum gehört, als sie schon, ohne sich auch nur die Zeit zu nehmen, einen besseren Rock umzulegen, in das Gebäude des Heiligen Offiziums lief.
Sie wurde diesmal von einem höheren Beamten empfangen, und dieser war merkwürdigerweise weit entgegenkommender zu ihr,

als die vorigen Beamten gewesen waren. Er war beinahe so alt wie sie selber und hörte ihre Klage ruhig und aufmerksam an. Als sie fertig war, fragte er sie nach einer kleinen Pause, ob sie den Bruno sprechen wolle.

Sie stimmte sofort zu. Man beraumte eine Zusammenkunft auf den nächsten Tag an.

An diesem Vormittag trat ihr in einem winzigen Zimmer mit vergitterten Fenstern ein kleiner, magerer Mann mit schwachem dunklem Bart entgegen und fragte sie höflich nach ihrem Begehren.

Sie hatte ihn seinerzeit beim Anmessen gesehen und all die Zeit über sein Gesicht gut in Erinnerung gehabt, erkannte ihn aber jetzt nicht sogleich. Die Aufregungen der Verhöre mußten ihn verändert haben.

Sie sagte hastig:

»Der Mantel. Sie haben ihn nicht bezahlt.«

Er sah sie einige Sekunden erstaunt an. Dann entsann er sich, und mit leiser Stimme fragte er: »Was bin ich Ihnen schuldig?«

»Zweiunddreißig Skudi«, sagte sie, »Sie haben doch die Rechnung bekommen.«

Er drehte sich zu dem großen, dicken Beamten um, der die Unterredung überwachte, und fragte ihn, ob er wisse, wieviel Geld zusammen mit seinen Habseligkeiten im Gebäude des Heiligen Offiziums abgegeben worden sei. Der Mann wußte es nicht, versprach jedoch, es festzustellen.

»Wie geht es Ihrem Mann?« fragte der Gefangene, sich wieder zu der Alten wendend, als sei damit die Angelegenheit in Fluß gebracht, so daß normale Beziehungen hergestellt und die Umstände eines ungewöhnlichen Besuchs gegeben waren.

Und die Alte, von der Freundlichkeit des kleinen Mannes verwirrt, murmelte, es gehe ihm gut, und fügte sogar noch etwas von seinem Rheuma hinzu.

Sie ging auch erst zwei Tage später wieder in das Gebäude des Heiligen Offiziums, da es ihr schicklich erschien, dem Herrn Zeit zu seinen Erkundigungen zu lassen.

Tatsächlich erhielt sie die Erlaubnis, ihn noch einmal zu sprechen. Sie mußte in dem winzigen Zimmer mit dem vergitterten Fenster freilich mehr als eine Stunde warten, weil er beim Verhör war.

Er kam und schien sehr erschöpft. Da kein Stuhl vorhanden war, lehnte er sich ein wenig an der Wand an. Jedoch sprach er sofort zur Sache.

Er sagte ihr mit sehr schwacher Stimme, daß er leider nicht imstande sei, den Mantel zu bezahlen. Bei seinen Habseligkeiten habe sich kein Geld vorgefunden. Dennoch brauche sie noch nicht alle Hoffnung aufzugeben. Er habe nachgedacht und sich erinnert, daß für ihn bei einem Mann, der in der Stadt Frankfurt Bücher von ihm gedruckt habe, noch Geld liegen müsse. An den wolle er schreiben, wenn man es ihm gestatte. Um die Erlaubnis wolle er schon morgen nachkommen. Heute sei es ihm beim Verhör vorgekommen, als ob keine besonders gute Stimmung herrsche. Da habe er nicht fragen und womöglich alles verderben wollen.

Die Alte sah ihn mit ihren scharfen Augen durchdringend an, während er sprach. Sie kannte die Ausflüchte und Vertröstungen säumiger Schuldner. Sie kümmerten sich den Teufel um ihre Verpflichtungen, und wenn man ihnen auf den Leib rückte, taten sie, als setzten sie Himmel und Hölle in Bewegung.

»Wozu brauchten Sie einen Mantel, wenn Sie kein Geld hatten, ihn zu bezahlen?« fragte sie hart.

Der Gefangene nickte, um ihr zu zeigen, daß er ihrem Gedankengang folgte. Er antwortete:

»Ich habe immer verdient mit Büchern und mit Lehren. So dachte ich, ich verdiene auch jetzt. Und den Mantel glaubte ich zu brauchen, weil ich glaubte, ich würde noch im Freien herumgehen.«

Das sagte er ohne jede Bitterkeit, sichtlich nur, um ihr die Antwort nicht schuldig zu bleiben.

Die Alte musterte ihn wieder von oben bis unten, voll Zorn, aber mit dem Gefühl, nicht an ihn heranzukommen, und ohne noch ein Wort zu sagen, wandte sie sich um und lief aus dem Zimmer.

»Wer wird einem Menschen, dem die Inquisition den Prozeß macht, noch Geld schicken?« äußerte sie böse zu ihrem Mann hin, als sie am Abend im Bett lagen. Er war jetzt beruhigt über die Stellung der geistlichen Behörden zu ihm, mißbilligte aber doch die unermüdlichen Versuche seiner Frau, das Geld einzutreiben.

»Er hat wohl jetzt an anderes zu denken«, brummte er.

Sie sagte nichts mehr.

Die nächsten Monate gingen, ohne daß in der leidigen Angelegenheit etwas geschah. Anfangs Januar hieß es, die Signoria trage sich mit dem Gedanken, dem Wunsch des Papstes nachzukommen und den Ketzer auszuliefern. Und dann kam eine neue Vorladung für die Zuntos in das Gebäude des Heiligen Offiziums.

Es war keine bestimmte Stunde genannt, und Frau Zunto ging an einem Nachmittag hin. Sie kam ungelegen. Der Gefangene erwartete den Besuch des Prokurators der Republik, der von der Signoria aufgefordert worden war, ein Gutachten über die Frage der Auslieferung auszuarbeiten. Sie wurde von dem höheren Beamten empfangen, der ihr einmal die erste Unterredung mit dem Nolaner verschafft hatte, und der Greis sagte ihr, der Gefangene habe gewünscht, sie zu sprechen, sie solle aber überlegen, ob der Zeitpunkt günstig gewählt sei, da der Gefangene unmittelbar vor einer für ihn hochwichtigen Konferenz stehe.

Sie sagte kurz, man brauche ihn ja nur zu fragen.

Ein Beamter ging weg und kehrte mit dem Gefangenen zurück. Die Unterredung fand in Anwesenheit des höheren Beamten statt. Bevor der Nolaner, der sie schon unter der Tür anlächelte, etwas sagen konnte, stieß die Alte hervor:

»Warum führen Sie sich dann so auf, wenn Sie im Freien herumgehen wollen?«

Einen Augenblick schien der kleine Mann verdutzt. Er hatte dieses Vierteljahr sehr viele Fragen beantwortet und den Abschluß seiner letzten Unterredung mit der Frau des Schneiders kaum im Gedächtnis behalten.

»Es ist kein Geld für mich gekommen«, sagte er schließlich, »ich habe zweimal darum geschrieben, aber es ist nichts gekommen. Ich habe mir gedacht ob ihr den Mantel zurücknehmen würdet.«

»Ich wußte ja, daß es dazu kommen würde«, sagte sie verächtlich.

»Und er ist nach Maß gearbeitet und zu klein für die meisten.«

Der Nolaner sah gepeinigt auf die alte Frau.

»Das habe ich nicht bedacht«, sagte er und wandte sich an den Geistlichen.

»Könnte man nicht alle meine Habseligkeiten verkaufen und das Geld diesen Leuten aushändigen?«

»Das wird nicht möglich sein«, mischte sich der Beamte, der ihn geholt hatte, der große Dicke, in das Gespräch. »Darauf erhebt Herr Mocenigo Anspruch. Sie haben lange auf seine Kosten gelebt.«

»Er hat mich eingeladen«, erwiderte der Nolaner müde.

Der Greis hob seine Hand.

»Das gehört wirklich nicht hierher. Ich denke, daß der Mantel zurückgegeben werden soll.«

»Was sollen wir mit ihm anfangen?« sagte die Alte störrisch. Der Greis wurde ein wenig rot im Gesicht. Er sagte langsam: »Liebe Frau, ein wenig christliche Nachsicht würde Ihnen nicht schlecht anstehen. Der Angeklagte steht vor einer Unterredung, die für ihn Leben oder Tod bedeuten kann. Sie können kaum verlangen, daß er sich allzusehr für Ihren Mantel interessiert.«

Die Alte sah ihn unsicher an. Sie erinnerte sich plötzlich, wo sie stand. Sie erwog, ob sie nicht gehen sollte, da hörte sie hinter sich den Gefangenen mit leiser Stimme sagen:

»Ich meine, daß sie es verlangen kann.«

Und als sie sich zu ihm umwandte, sagte er noch: »Sie müssen das alles entschuldigen. Denken Sie auf keinen Fall, daß mir Ihr Verlust gleichgültig ist. Ich werde eine Eingabe in der Sache machen.«

Der große Dicke war auf einen Wink des Greises aus dem Zimmer gegangen. Jetzt kehrte er zurück, breitete die Arme aus und sagte: »Der Mantel ist überhaupt nicht mit eingeliefert worden. Der Mocenigo muß ihn zurückbehalten haben.«

Der Nolaner erschrak deutlich. Dann sagte er fest:

»Das ist nicht recht. Ich werde ihn verklagen.«

Der Greis schüttelte den Kopf.

»Beschäftigen Sie sich lieber mit dem Gespräch, das Sie in ein paar Minuten zu führen haben werden. Ich kann es nicht länger zulassen, daß hier wegen ein paar Skudi herumgestritten wird.«

Der Alten stieg das Blut in den Kopf. Sie hatte, während der Nolaner sprach, geschwiegen und maulend in eine Ecke des Zimmers geschaut. Aber jetzt riß ihr wieder die Geduld.

»Paar Skudi!« schrie sie. »Das ist ein Monatsverdienst! Sie können leicht Nachsicht üben. Sie trifft kein Verlust!«

In diesem Augenblick trat ein hochgewachsener Mönch in die Tür. »Der Prokurator ist gekommen«, sagte er halblaut, verwundert auf die schreiende alte Frau schauend.

Der große Dicke faßte den Nolaner am Ärmel und führte ihn hinaus. Der Gefangene blickte über die schmale Schulter zurück auf die Frau, bis er über die Schwelle geführt war. Sein mageres Gesicht war sehr blaß.

Die Alte ging verstört die Steintreppe des Gebäudes hinunter. Sie wußte nicht, was sie denken sollte. Schließlich tat der Mann, was er konnte.

Sie ging nicht in die Werkstätte, als eine Woche später der große Dicke den Mantel brachte. Aber sie horchte an der Tür, und da hörte sie den Beamten sagen: »Er hat tatsächlich noch die ganzen letzten Tage sich um den Mantel gekümmert. Zweimal machte er eine Eingabe, zwischen den Verhören und den Unterredungen mit den Stadtbehörden, und mehrere Male verlangte er eine Unterredung in dieser Sache mit dem Nuntius. Er hat es durchgesetzt. Der Mocenigo mußte den Mantel herausgeben. Übrigens hätte er ihn jetzt gut brauchen können, denn er wird ausgeliefert und soll noch diese Woche nach Rom abgehen.«

Das stimmte. Es war Ende Januar.

Ketzer
Menschen, die nicht glauben, was alle glauben und nicht denken, was alle denken und das öffentlich auch sagen. Im Mittelalter wurden sie meistens verbrannt oder sie mußten abschwören. (Zum Beispiel mußte Galilei abschwören, daß sich die Erde um die Sonne dreht, weil alle vorher immer geglaubt hatten, daß sich die Sonne um die Erde dreht und die Erde der Mittelpunkt der Welt sei. Brecht hat ein Stück darüber geschrieben: Das Leben des Galilei.)

Inquisition
Kirchliches Gericht im Mittelalter, das die Ketzer foltern und verbrennen ließ, wenn sie nicht abschwören wollten. Die Inquisition war nötig, um den Kirchenstaat als Machtinstrument abzusichern.

Denunzieren
Den anzeigen und verpetzen, der nicht denkt, wie alle denken und nicht sagt, was alle sagen, damit er bestraft werden kann. Diese Form der zwischenmenschlichen Beziehung ist besonders in diktatorischen Staaten und Systemen hoch entwickelt. Ihre Blütezeit hatte die Denunziation hierzulande im Hitler-Deutschland.

Signoria
Die höchste Behörde der italienischen Stadtstaaten im Mittelalter.

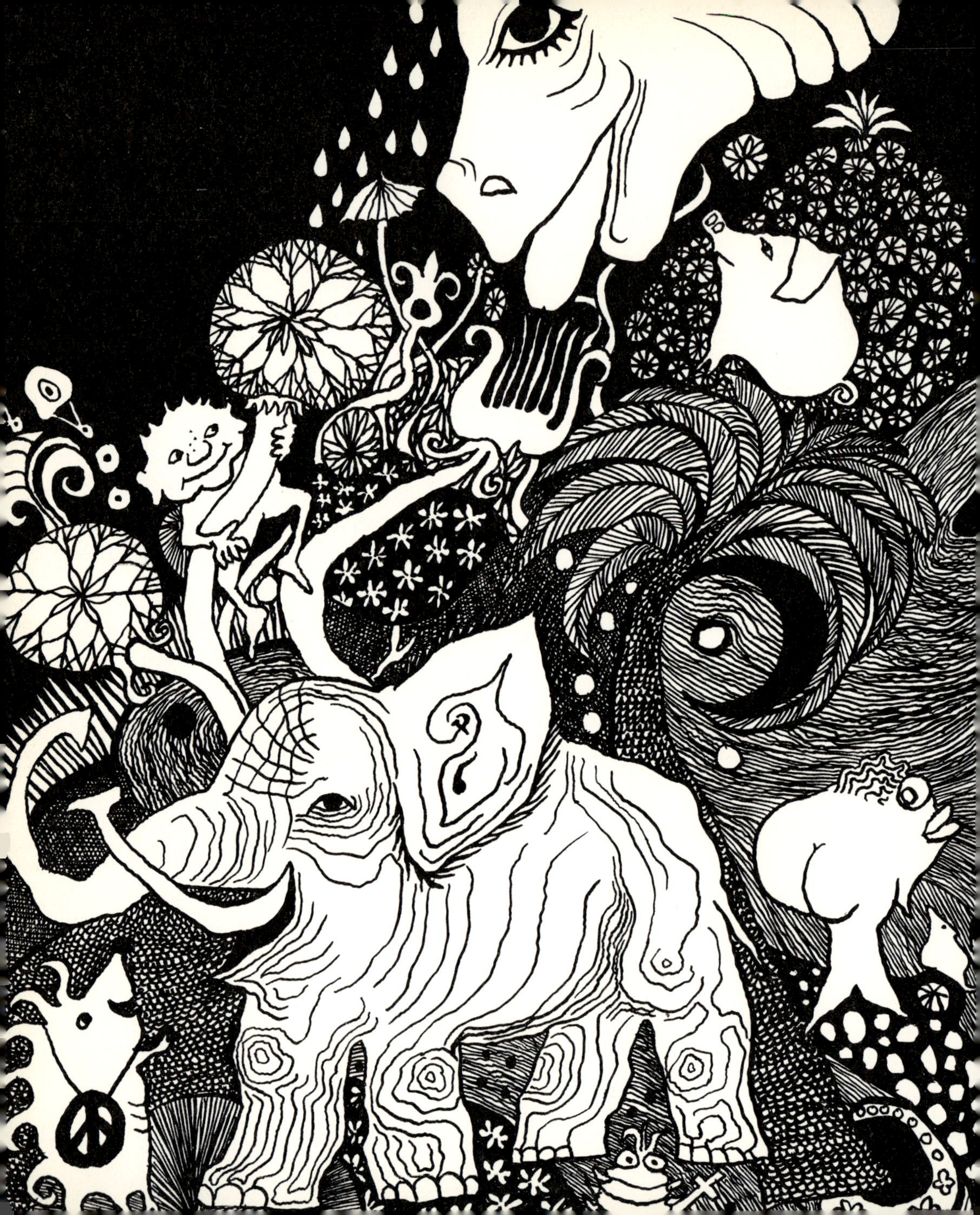

Tierverse

Es war einmal ein Adler
Der hatte viele Tadler
Die machten ihn herunter
Und haben ihn verdächtigt
Er könne nicht schwimmen im Teich.
Da versuchte er es sogleich
Und ging natürlich unter.
(Der Tadel war also berechtigt.)

Es war einmal ein Rabe
Ein schlauer alter Knabe
Dem sagte ein Kanari, der
In seinem Käfig sang: Schau her
Von Kunst
Hast du keinen Dunst.
Der Rabe sagte ärgerlich:
Wenn du nicht singen könntest
Wärst du so frei wie ich.

Es war einmal ein Igel
Der fiel in einen Tiegel
Mit ranzigem Salatöl und
Das hat die Stacheln aufgeweicht
Da trat er in den Völkerbund.
Von einem blinden Tiger
Wurd er dann dort herumgereicht
Als ein bekehrter Krieger.

Es war einmal eine Kellerassel
Die geriet in ein Schlamassel
Der Keller, in dem sie asselte
Brach eines schönen Tages ein
So daß das ganze Haus aus Stein
Ihr auf das Köpfchen prasselte.
Sie soll religiös geworden sein.

Es war einmal ein Hund
Der hatte einen zu kleinen Mund
Da konnte er nicht viel fressen
Da freute sein Herr sich dessen
Er sagte: Dieser Hund
Ist ein guter Fund.

Es war einmal ein Schwein
Das hatte nur ein Bein.
Einmal war es in Eil
Da rutschte es auf dem Hinterteil
Ins Veilchenbeet hinein:
Es war ein rechtes Schwein.

Es war einmal ein Huhn
Das hatte nichts zu tun.
Es gähnte alle an.
Doch als es so den Mund aufriß
Da sagte ein Hund: Je nun

Du hast ja keinen einzigen Zahn!
Da ging das Huhn zum Zahnarzt
Und kaufte sich ein Gebiß.
Jetzt kann es ruhig gähnen
Mit seinen neuen Zähnen!

Es war einmal ein Kamel
Das sah in Posemuckel
Einen Mann mit einem Buckel
Es blickte auf ihn scheel
Und sagte: Nebenbei
Ich habe zwei.

Es war einmal ein Elefant
Der hatte keinen Verstand
Drum schleppte er einmal auf
    Befehl
Zwanzig Bäume statt zwei
Und brach ein Bein dabei.
Ein Dummkopf, meiner Seel!

Es war einmal eine Maus
Die war einmal nicht zu Haus
Da fischte des Königs Koch
Eine Nuß aus ihrem Loch
Er fischte sie heraus
Und machte für das Schloß-
    personal
Ein Mittagessen draus.

Es war einmal ein Pferd
Das war nicht sehr viel wert
Für das Rennen war es zu dumm
Vor den Wagen gespannt, fiel es um
Da wurde es Politiker
Es ist jetzt hoch geehrt.

Es war einmal ein Aal
Der meinte, er sei aus Stahl
Er ging in vollem Frieden

Stracks in ein Waffenarsenal
Und bat, man solle fürs Vaterland
Einen Ehrendolch aus ihm schmieden.
Es heißt, daß er's nicht überstand.

Es war einmal eine Ziege
Die sagte: An meiner Wiege
Sang man mir, ein starker Mann
Wird kommen und mich frein.
Der Ochse sah sie komisch an
Und sagte zu dem Schwein:
Das wird der Metzger sein.

Es war einmal eine Brillenschlange
Die tat Dienst als Fahnenstange
Stach sie den Fahnenträger dann
Gab er sie einem anderen Mann
Und starb fürs Vaterland als Held.
Die Brillenschlange sagte: So
Die Fahnenstange steht, wenn der Mann auch fällt!
(Es klang sehr hoffnungsfroh!)

Völkerbund
Bestand von 1920 bis 1946. Staatenvereinigung, die für den Völkerfrieden zu wirken
vorgab. Trotzdem passierte der 2. Weltkrieg.

Kuh beim Fressen

Sie wiegt die breite Brust an holziger Krippe
Und frißt. Seht, sie zermalmt ein Hälmchen jetzt!
Es schaut noch eine Zeitlang spitz aus ihrer Lippe
Sie malmt es sorgsam, daß sie's nicht zerfetzt.

Ihr Leib ist dick, ihr trauriges Aug bejahrt
Gewöhnt des Bösen, zaudert sie beim Kauen
Seit Jahren mit emporgezogenen Brauen
Die wundert's nicht mehr, wenn ihr dazwischenfahrt.

Und während sie sich noch mit Heu versieht
Entnimmt ihr einer Milch, sie duldet's stumm
Daß seine Hand an ihrem Euter reißt.

Sie kennt die Hand, sie schaut nicht einmal um
Sie will nicht wissen, was mit ihr geschieht
Und nützt die Abendstimmung aus und scheißt.

Ein Fisch mit Namen Fasch

Es war einmal ein Fisch mit Namen Fasch
Der hatte einen weißen Asch
Er hatte keine Hände zum Arbeiten nicht
Und er hatte keine Augen zum Sehen im Gesicht

In seinem Kopf war gar nichts drin
Und er hatte auch für nichts einen Sinn
Er kannte nicht das Einmaleins
Und von allen Ländern kannte er keins
Er war nur der Fisch Fasch
Und hatte eben seinen weißen Asch.

Und wenn die Menschen ein Haus bauten
Und wenn die Menschen Holz hauten
Und wenn die Menschen einen dicken Berg durchlochten
Und wenn die Menschen Suppe kochten
Dann sah der Fisch Fasch ihnen stumpfsinnig zu
Und wenn sie ihn fragten: Und was machst du?
Dann sagte er: Ich bin doch der Fisch Fasch
Und dies hier ist mein weißer Asch.

Gingen sie aber am Abend in die Häuser hinein
Dann ging der Fisch Fasch hinter ihnen drein
Und wenn sie sich setzten zum Ofen, nanu
Dann setzte sich der Fisch Fasch auch dazu
Und wenn die Suppe kam auf den Tisch
Dann saß da gleich auch mit einem großen Löffel ein Fisch
Und rief ganz laut: Jetzt esset rasch
Dann zeige ich euch meinen weißen Asch.

Da lachten die Leute und ließen ihn mitessen
Und hätten wohl auch seine Faulheit vergessen
Wenn nicht eine Hungersnot gekommen wäre
Und zwar keine leichte, sondern eine schwere
Und jetzt mußte jeder etwas bringen für die Hungersnot

Der eine brachte ein Stück Käse, der andere eine Wurst,
      der dritte ein Brot
Nur der Fisch Fasch brachte nichts als den Löffel mit
Das sahen einige Leute; sie waren grad zu dritt.

Und da fragten sie mal den Fisch Fasch: Na, und du
Was gibst uns jetzt eigentlich du dazu?
Und da sagte der Fisch Fasch
Ja, wenn ich vielleicht meinen weißen Asch . . .
Aber da wurden die Leute zum erstenmal sehr bitter
      zu dem Fisch Fasch
Und redeten mit ihm plötzlich ganz basch
Und warfen ihn mal rasch
Durch die Eichentür und verhauten ihm draußen
      seinen weißen Asch.

Hoppeldoppel Wopps Laus

In der großen Mengelgasse kroch eine Laus
Die sah so schwach und düster aus.
Sie taumelte hin und taumelte her
Und seufzte, als ob sie vergewaltigt worden wär.
Ja, da muß man sich doch fragen: was ist mit dieser Laus?
Warum sieht sie so erbärmlich und geschlagen aus?

Hoppeldoppel Wopp, wo sie Frühstück essen war
Hoppeldoppel Wopp hat nur ein einziges Haar
Und darunter ist Haut und darunter ist Bein
Und der Wirt kratzt sich am Kopf, er weiß nicht mehr aus und ein.
Ja, da weiß man doch sofort, was sie der Laus antaten:
Haben ihr Herrn Hoppeldopp als Wirt angeraten!

Herrn K.s Lieblingstier

Als Herr K. gefragt wurde, welches Tier er vor allen schätze, nannte er den Elefanten und begründete dies so: Der Elefant vereint List mit Stärke. Das ist nicht die kümmerliche List, die ausreicht, einer Nachstellung zu entgehen oder ein Essen zu ergattern, indem man nicht auffällt, sondern die List, welcher die Stärke für große Unternehmungen zur Verfügung steht. Wo dieses Tier war, führt eine breite Spur. Dennoch ist es gutmütig, es versteht Spaß. Es ist ein guter Freund, wie es ein guter Feind ist. Sehr groß und schwer, ist es doch auch sehr schnell. Sein Rüssel führt einem enormen Körper auch die kleinsten Speisen zu, auch Nüsse. Seine Ohren sind verstellbar: Er hört nur, was ihm paßt. Er wird auch sehr alt. Er ist gesellig, und dies nicht nur zu Elefanten. Überall ist er sowohl beliebt als auch gefürchtet. Eine gewisse Komik macht es möglich, daß er sogar verehrt werden kann. Er hat eine dicke Haut, darin zerbrechen die Messer; aber sein Gemüt ist zart. Er kann traurig werden. Er kann zornig werden. Er tanzt gern. Er stirbt im Dickicht. Er liebt Kinder und andere kleine Tiere. Er ist grau und fällt nur durch seine Masse auf. Er ist nicht eßbar. Er kann gut arbeiten. Er trinkt gern und wird fröhlich. Er tut etwas für die Kunst: Er liefert Elfenbein.

Sieben Elefanten hatte Herr Dschin*

Sieben Elefanten hatte Herr Dschin
Und da war dann noch der achte.
Sieben waren wild und der achte war zahm
Und der achte war's, der sie bewachte.
    Trabt schneller!
    Herr Dschin hat einen Wald
    Der muß vor Nacht gerodet sein
    Und Nacht ist jetzt schon bald!

Sieben Elefanten roden den Wald
Und Herr Dschin ritt hoch auf dem achten.
All den Tag Nummer acht stand faul auf der Wacht
Und sah zu, was sie hinter sich brachten.
    Grabt schneller!
    Herr Dschin hat einen Wald
    Der muß vor Nacht gerodet sein
    Und Nacht ist jetzt schon bald!

Sieben Elefanten wollten nicht mehr
Hatten satt das Bäumeabschlachten.
Herr Dschin war nervös, auf die sieben war er bös
Und gab ein Schaff Reis dem achten.
    Was soll das?
    Herr Dschin hat einen Wald
    Der muß vor Nacht gerodet sein
    Und Nacht ist jetzt schon bald!

Sieben Elefanten hatten keinen Zahn
Seinen Zahn hat nur noch der achte.
Und Nummer acht war vorhanden, schlug die
       sieben zuschanden
Und Herr Dschin stand dahinten und lachte.
    Grabt weiter!
    Herr Dschin hat einen Wald
    Der muß vor Nacht gerodet sein
    Und Nacht ist jetzt schon bald!

Von der Sintflut · Betrachtungen bei Regen

Meine Großmutter sagte oft, wenn es längere Zeit regnete: »Heute regnet es. Ob es je wieder aufhört? Das ist doch ganz fraglich. In der Zeit der Sintflut hat es auch nicht mehr aufgehört.« Meine Großmutter sagte immer: »Was einmal war, das kann wieder sein – und: was nie war.« Sie war vierundsiebzig Jahre alt und ungeheuer unlogisch.
Damals sind alle in die Arche gegangen, sämtliche Tiere einträchtig. Das war die einzige Zeit, wo die Geschöpfe der Erde einträchtig waren. Es sind wirklich alle gekommen. Aber der Ichthyosaurus ist nicht gekommen. Man sagte ihm allgemein, er solle einsteigen, aber er hatte keine Zeit an diesen Tagen. Noah selber machte ihn darauf aufmerksam, daß die Flut kommen würde. Aber er sagte ruhig: »Ich glaub's nicht.« Er war allgemein unbeliebt, als er ersoff.
»Ja, ja«, sagten alle, als Noah schon die Lampe in der Arche anzündete und sagte: »Es regnet immer noch«, »ja, ja, der Ichthyosaurus, der kommt nicht.« Dieses Tier war das älteste unter allen Tieren und auf Grund seiner großen Erfahrung durchaus imstande auszusagen, ob so etwas wie eine Sintflut möglich sei oder nicht.
Es ist leicht möglich, daß ich selber einmal in einem ähnlichen Fall auch nicht einsteige . . .

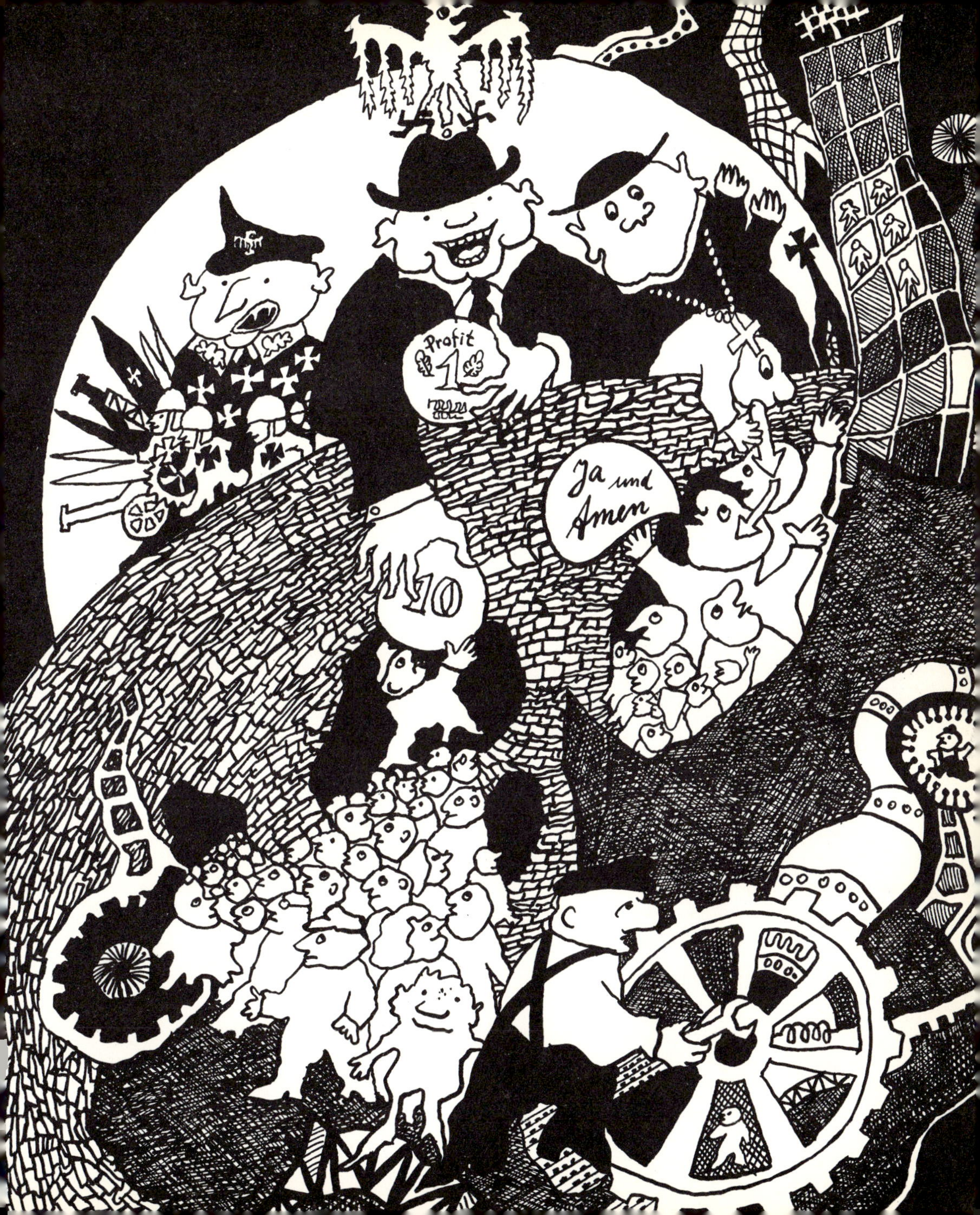
Profit
1
10
Ja und Amen

Gespräch über die Südsee

Bei meinem Verleger treffe ich einen Mann, der 15 Jahre in Brasilien war.
Er fragt mich, was in Berlin los ist.
Als ich es ihm gesagt habe, rät er mir, in die Südsee zu gehen.
Er sagt, es gäbe nichts Besseres.
Ich bin nicht dagegen. Ich frage, was ich da mitnehme.
Er sagt: »Nehmen Sie einen kurzhaarigen Hund mit. Das ist der beste Gefährte des Menschen.«
Ich denke natürlich einen Augenblick daran, ihn zu fragen, ob es schlimmstenfalls auch ein langhaariger sein könnte, aber mein gesunder Menschenverstand sagt mir, daß bei einem langhaarigen die Kokosnadeln sich doch ungeheuer verfilzen können.
Ich frage ihn, was man da in der Südsee den ganzen Tag über macht.
Er sagt: »Gar nichts. Arbeiten müssen Sie gar nichts.«
»Na ja«, sage ich, »Arbeit würde mich auch nicht befriedigen, aber irgend etwas muß man natürlich anstellen können!«
Er sagt: »Na, da haben Sie doch die Natur!«
»Schön«, sage ich, »aber was tut man zum Beispiel früh um 8 Uhr?«
»Früh um 8 Uhr? Da schlafen Sie noch.«
»Und mittags? Um eins?«
»Um eins ist es zu heiß, um was zu tun.«
Aber jetzt werde ich böse. Ich blicke ihn feindselig an und sage: »Nachmittags?«
»Na, eine Stunde am Tag werden Sie doch mit irgendwas ausfüllen können.«

Dann scheint es ihm endlich aufzugehen, daß ich nicht von der Sorte bin, die sich mit sich selbst beschäftigen kann, und er lenkt ein: »Nehmen Sie eine doppelläufige Flinte mit und jagen Sie.«
Ich bin jetzt aber schon verstimmt und sage kurz: »Jagen macht mir kein Vergnügen.«
»Ja, wovon wollen Sie denn eigentlich leben?« fragt er mich lächelnd.
Ich werde immer erbitterter.
»Das ist doch *Ihre* Sache«, sage ich. »Da müssen *Sie* mir doch Vorschläge machen. Soll *ich* mich auskennen in der Südsee?«
»Wollen Sie fischen?« bietet er mir an.
»Meinetwegen«, sage ich mürrisch.
»Gut. Sie nehmen eine Stahlfliegenangel mit, die Sie in jedem Geschäft bekommen können, und in fünf Minuten haben Sie Ihre zwei Fische an der Angel. Dann essen Sie eben Fische, wenn Sie nicht jagen wollen.«
»Roh?« frage ich.
»Aber ein Feuerzeug haben Sie doch dabei.«
»Ein Fisch mit einem Feuerzeug, das ist doch noch keine Hauptmahlzeit«, sage ich, wirklich abgestoßen durch einen solchen Mangel an Erfahrung. »Kann man denn wenigstens fotografieren?«
»Sehen Sie, das ist eine Idee«, sagt er, sichtlich erleichtert. »Da haben Sie doch die ganze Natur. Fotografieren können Sie nirgends soviel.«
Jetzt hat er natürlich Oberwasser. Jetzt läßt er mich einfach den ganzen Tag fotografieren. Damit bin ich beschäftigt, und er hat seine Ruhe.
Ich aber kann Ihnen sagen:
Die Südsee ist mir auf Jahre hinaus verleidet. Und so einen Mann will ich nie mehr zu Gesicht bekommen.

Zum Lesebuch für Städtebewohner gehörige Gedichte

9
Setzen Sie sich!
Sitzen Sie?
Lehnen Sie sich ruhig zurück!
Sie sollen bequem und leger sitzen.
Rauchen können Sie.
Wichtig ist, daß sie mich ganz genau hören.
Hören Sie mich genau?
Ich habe Ihnen etwas mitzuteilen, was Sie interessieren wird.

Sie sind ein Plattkopf.
Hören Sie auch wirklich?
Es besteht doch hoffentlich kein Zweifel darüber,
    daß Sie mich klar und deutlich hören?
Also:
Ich wiederhole: Sie sind ein Plattkopf.
Ein Plattkopf.
P wie Paul, l wie Ludwig, a wie Anna. zwomal t wie Theodor
Kopf wie Kopf.
Plattkopf.

Bitte unterbrechen Sie mich nicht.
Sie sollen mich nicht unterbrechen!
Sie sind ein Plattkopf.
Reden Sie nicht. Machen Sie keine Ausflüchte!
Sie sind ein Plattkopf.
Punkt.

Ich sage das doch nicht allein.
Ihre Frau Mutter sagt das doch schon lang.
Sie sind ein Plattkopf.
Fragen Sie doch Ihre Angehörigen
Ob Sie *kein* P sind.
Ihnen sagt man das natürlich nicht
Denn da werden Sie doch wieder rachsüchtig wie alle Plattköpfe.
Aber
Ihre ganze Umgebung weiß seit Jahr und Tag, daß Sie ein P sind.

Es ist ja typisch, daß Sie leugnen.
Das ist doch die Sache: es ist typisch für den P, daß er es ableugnet.
Ach, ist das schwer, einem Plattkopf beizubringen, daß er ein P ist.
Es ist direkt anstrengend.

Sehen Sie, das muß doch einmal gesagt werden
Daß Sie ein P sind.
Das ist doch nicht uninteressant für Sie, zu wissen, was Sie sind.

Das ist doch ein Nachteil für Sie, wenn Sie nicht wissen,
        was alle wissen.
Ach, Sie meinen, Sie haben auch keine anderen Ansichten
        als ihr Kompagnon
Aber das ist ja auch ein Plattkopf.
Bitte trösten Sie sich nicht damit, daß es noch mehr P e gibt.
Sie sind ein P.

Ist ja auch gar nicht schlimm
Damit können Sie achtzig werden.
Geschäftlich ist es direkt ein Vorteil.
Und politisch erst!
Nicht mit Geld zu bezahlen!
Als P brauchen Sie sich um *nichts* zu kümmern.
Und Sie sind ein P
(Das ist doch angenehm?).

Sind Sie immer noch nicht im Bilde?
Ja, wer soll's Ihnen denn noch sagen?
Der Brecht sagt's ja auch, daß Sie ein P sind.
Also bitte, Brecht, sagen Sie ihm doch als Fachmann Ihre Ansicht.

Der Mann ist ein P.
Na also.

(Einmaliges Abspielen der Platte genügt nicht.)

10

Ich will nicht behaupten, daß Rockefeller ein Dummkopf ist
Aber Sie müssen zugeben
Daß an der Standard Oil ein allgemeines Interesse bestand.
Was ein Mann hätte dazu hergehört
Das Zustandekommen der Standard Oil zu verhindern!
Ich behaupte
Solch ein Mann muß erst geboren werden.

Wer will beweisen, daß Rockefeller Fehler gemacht hat
Da doch Geld eingekommen ist.
Wissen Sie:
Es bestand Interesse daran, daß Geld einkam.

Sie haben andere Sorgen?
Aber ich wäre froh, wenn ich einen fände
Der kein Dummkopf ist, und ich
Kann es beweisen.

Sie haben schon den richtigen Mann ausgewählt.
Hatte er nicht Sinn für Geld?
Wurde er nicht alt?
Konnte er nicht Dummheiten machen und
Die Standard Oil kam doch zustande?

Meinen Sie, wir hätten die Standard Oil billiger haben können?
Denken Sie, ein anderer Mann
Hätte Sie mit weniger Mühe zustande gebracht?
(Da ein allgemeines Interesse an ihr bestand?)

Sind Sie auf jeden Fall gegen Dummköpfe?
Halten Sie etwas von der Standard Oil?

Hoffentlich glauben Sie nicht
Ein Dummkopf ist
Ein Mann, der nachdenkt.

Rockefeller
Er war zu seiner Zeit der reichste Mann der Welt. Er machte sein Geld mit Erdöl und mit der schlecht bezahlten Arbeitskraft der Leute, die für ihn arbeiteten.
Standard Oil
Von Rockefeller gegründete Erdölgesellschaft, zu deren Gründung er eine Milliarde Dollar Anfangskapital spendierte.

Wenn die Haifische Menschen wären

»Wenn die Haifische Menschen wären«, fragte Herrn K. die kleine Tochter seiner Wirtin, »wären sie dann netter zu den kleinen Fischen?« »Sicher«, sagte er. »Wenn die Haifische Menschen wären, würden sie im Meer für die kleinen Fische gewaltige Kästen bauen lassen, mit allerhand Nahrung drin, sowohl Pflanzen als auch Tierzeug. Sie würden sorgen, daß die Kästen immer frisches Wasser hätten, und sie würden überhaupt allerhand sanitäre Maßnahmen treffen. Wenn zum Beispiel ein Fischlein sich die Flosse verletzen würde, dann würde ihm sogleich ein Verband gemacht, damit es den Haifischen nicht wegstürbe vor der Zeit. Damit die Fischlein nicht trübsinnig würden, gäbe es ab und zu große Wasserfeste; denn lustige Fischlein schmecken besser als trübsinnige. Es gäbe natürlich auch Schulen in den großen Kästen. In diesen Schulen würden die Fischlein lernen, wie man in den Rachen der Haifische schwimmt. Sie würden zum Beispiel Geographie brauchen, damit sie die großen Haifische, die faul irgendwo liegen, finden könnten. Die Hauptsache wäre natürlich die moralische Ausbildung der Fischlein. Sie würden unterrichtet werden, daß es das Größte und Schönste sei, wenn ein Fischlein sich freudig aufopfert, und daß sie alle an die Haifische glauben müßten, vor allem, wenn sie sagten, sie würden für eine schöne Zukunft sorgen. Man würde den Fischlein beibringen, daß diese Zukunft nur gesichert sei, wenn sie Gehorsam lernten. Vor allen niedrigen, materialistischen, egoistischen und marxistischen Neigungen müßten sich die Fischlein hüten und es sofort den Haifischen melden, wenn eines von ihnen solche Neigungen verriete. Wenn die Haifische Menschen wären, würden sie natürlich auch untereinander Kriege führen, um fremde Fischkästen und fremde Fischlein zu erobern. Die Kriege würden sie von ihren eigenen Fischlein führen lassen. Sie würden die Fischlein lehren, daß zwischen ihnen und den Fischlein der anderen Haifische ein riesiger Unterschied bestehe. Die Fischlein, würden sie verkünden, sind bekanntlich stumm, aber sie schweigen in ganz verschiedenen Sprachen und können einander daher unmöglich verstehen. Jedem Fischlein, das im Krieg ein paar andere Fischlein, feindliche, in anderer Sprache schweigende Fischlein tötete, würden sie einen kleinen Orden aus Seetang anheften und den Titel Held verleihen. Wenn die Haifische Menschen wären, gäbe es bei ihnen natürlich auch eine Kunst. Es gäbe schöne Bilder, auf denen die Zähne der Haifische in prächtigen Farben, ihre Rachen als reine Lustgärten, in denen es sich prächtig tummeln läßt, dargestellt wären. Die Theater auf dem Meeresgrund würden zeigen, wie heldenmütige Fischlein begeistert in die Haifischrachen schwimmen, und die Musik wäre so schön, daß die Fischlein unter ihren Klängen, die Kapelle voran, träumerisch, und in allerangenehmste Gedanken eingelullt, in die Haifischrachen strömten. Auch eine Religion gäbe es da, wenn die Haifische Menschen wären. Sie würden lehren, daß die Fischlein erst im Bauch der Haifische richtig zu leben begännen. Übrigens würde es auch aufhören, wenn die Haifische Menschen wären, daß alle Fischlein, wie es jetzt ist, gleich sind. Einige von ihnen würden Ämter bekommen und über die anderen gesetzt werden. Die ein wenig größeren dürften sogar die kleineren auffressen. Das wäre für die Haifische nur angenehm, da sie dann selber öfter größere Brocken zu fressen bekämen. Und die größeren, Posten habenden Fischlein würden für die Ordnung unter den Fischlein sorgen, Lehrer, Offiziere, Ingenieure im Kastenbau usw. werden. Kurz, es gäbe überhaupt erst eine Kultur im Meer, wenn die Haifische Menschen wären.«

Ein neues Gesicht*

In einem großen Land lebte einmal ein Kaufmann. Er kaufte allerhand Dinge, große und kleine, und verkaufte sie wieder mit einem sehr guten Gewinn. Er kaufte Fabriken und Flüsse, Wälder und Stadtviertel, Bergwerke und Schiffe. Wenn Leute sonst nichts zu verkaufen hatten, kaufte er ihnen ihre Zeit ab, das heißt er ließ sie gegen Lohn für sich arbeiten und kaufte so ihre Muskeln oder ihr Gehirn. Er kaufte den Griff ihrer Arme für sein laufendes

Band, den Tritt ihrer Füße für seine Essen, ihre Zeichnungen, ihre Schrift in seine Kontobücher.
Er war ein sehr großer Kaufmann und wurde ein immer größerer Kaufmann. Er war weit und breit sehr geachtet und wurde immer geachteter. Aber auf einmal bekam er eine arge Krankheit.

Eines Tages wollte er wieder einmal etwas kaufen, diesmal ein paar Zinngruben in Mexiko. Eigentlich wollte er sie nicht selber kaufen, sondern einige andere Leute sollten sie für ihn kaufen, damit er sie verkaufen konnte. Er wollte nämlich diese Leute betrügen.
Er verabredete sich mit ihnen in einem Bankhaus.
Dort verhandelten sie mehrere Stunden miteinander, indem sie dicke Zigarren rauchten und dazu Zahlen aufschrieben.
Der große Kaufmann erzählte seinen Geschäftsfreunden, wieviel Geld sie bei diesem Geschäft verdienen konnten, und da er ein so geachteter Kaufmann war und nett und freundlich aussah, wie eben ein älterer, rosiger Kaufmann mit weißen Haaren und blanken Augen, glaubten sie ihm auch, wenigstens anfangs. Aber dann passierte etwas sehr Merkwürdiges.
Er merkte plötzlich, daß die Herren ihn ganz eigentümlich ansahen, und dann rückten sie sogar ein wenig von ihm weg, während er sprach. Er sah an sich hinunter, ob an seinem Anzug etwas nicht in Ordnung war, aber sein Anzug war ganz in Ordnung. Er wußte gar nicht, was los war. Die Herren standen mit einem Mal auf, und jetzt sahen ihre Gesichter ordentlich erschrocken aus, und sie sahen deutlich ihn an, und zwar wie etwas Schreckliches, vor dem man Angst hat. Und doch sprach er nicht anders als sonst, nett und freundlich, wie ein großer, geachteter Kaufmann.
Warum also hörte ihm niemand mehr zu, und warum gingen sie

denn ohne jede Entschuldigung einfach hinaus und ließen ihn sitzen? Denn das taten sie.
Er stand ebenfalls auf, nahm seinen Hut und ging hinunter, um in sein Auto zu steigen. Da sah er noch, wie der Chauffeur furchtbar erschrak, als er ihn sah.
Zu Haus eilte er sogleich zu einem Spiegel. Da sah er etwas Schreckliches:
Aus dem Spiegel entgegen blickte ihm das Gesicht eines *Tigers*.
Er hatte ein neues Gesicht bekommen! Er sah aus wie ein Tiger!

Gründungssong der National Deposit Bank

Nicht wahr, eine Bank zu gründen
Muß doch jeder richtig finden
Kann man schon sein Geld nicht erben
Muß man's irgendwie erwerben.
Dazu sind doch Aktien besser
Als Revolver oder Messer
Nur das eine ist fatal –
Man braucht Anfangskapital.
Wenn die Gelder aber fehlen
Woher nehmen, wenn nicht stehlen?
Ach, wir wolln uns da nicht zanken
Woher haben's die andern Banken
Irgendwoher ist's gekommen
Irgendwem haben sie's genommen.

Fragen eines lesenden Arbeiters

Wer baute das siebentorige Theben?
In den Büchern stehen die Namen von Königen.
Haben die Könige die Felsbrocken herbeigeschleppt?
Und das mehrmals zerstörte Babylon –

Wer baute es so viele Male auf? In welchen Häusern
Des goldstrahlenden Lima wohnten die Bauleute?
Wohin gingen an dem Abend, wo die Chinesische Mauer fertig war
Die Maurer? Das große Rom
Ist voll von Triumphbögen. Wer errichtete sie? Über wen
Triumphierten die Cäsaren? Hatte das vielbesungene Byzanz
Nur Paläste für seine Bewohner? Selbst in dem
    sagenhaften Atlantis
Brüllten in der Nacht, wo das Meer es verschlang
Die Ersaufenden nach ihren Sklaven.

Der junge Alexander eroberte Indien.
Er allein?
Cäsar schlug die Gallier.
Hatte er nicht wenigstens einen Koch bei sich?
Philipp von Spanien weinte, als seine Flotte
Untergegangen war. Weinte sonst niemand?
Friedrich der Zweite siegte im Siebenjährigen Krieg. Wer
Siegte außer ihm?

Jede Seite ein Sieg.
Wer kochte den Siegesschmaus?

Alle zehn Jahre ein großer Mann.
Wer bezahlte die Spesen?

So viele Berichte.
So viele Fragen.

Atlantis
Ein Erdteil hatte die Nase voll und versoff. Wurde bis heute nicht wieder aufgefunden. Der Liedersänger Donovan hat ein schönes Lied über Atlantis gemacht.
Cäsaren
Titel der Herrscher und Beherrscher des alten römischen Reiches nach Cäsars Tod.
Der junge Alexander
Gemeint ist Alexander der Große, der nicht nur jung sondern auch sehr berühmt war. Deshalb der Große.

Der Kaiser Napoleon und mein Freund, der Zimmermann

Der große Kaiser Napoleon
Der war ein wenig kurz
Doch alle Welt erzitterte
Vor seinem kleinsten Furz.
Alle Welt erzitterte.

Das kam, er hatte Kanonen
Damit schoß er alles in Klump.
Und wer nicht vor ihm erzitterte
Den schimpft er einen Lump.
Aber jeder erzitterte.

Mein Freund, der ist ein Zimmermann
Der baut Häuser und ist nicht faul
Doch wenn er einen Wunsch hat
Dann sagt man zu ihm: Halt's Maul!
Alle sagen dann nur: Halt's Maul.

Und hätte mein Freund Kanonen
Und wäre sonst stinkfaul
Dann könnt er bekommen, was
    immer er wollt
Und niemand sagte: Halt's Maul!
Kein Mensch sagte da: Halt's Maul.

Napoleon
Erst freuten sich die Franzosen über ihren Kaiser Napoleon, weil er ein so großer Krieger war. Dann aber verlor er ausgerechnet die größte Schlacht und sie verjagten ihn. Das war 1814. Später holten sie die Leiche ihres Exkaisers nach Paris zurück und begruben sie in ihrer Hauptstadt.

Lob des Kommunismus

Er ist vernünftig, jeder versteht ihn. Er ist leicht.
Du bist doch kein Ausbeuter, du kannst ihn begreifen.
Er ist gut für dich, erkundige dich nach ihm.
Die Dummköpfe nennen ihn dumm, und die Schmutzigen
        nennen ihn schmutzig.
Er ist gegen den Schmutz und gegen die Dummheit.
Die Ausbeuter nennen ihn ein Verbrechen
Wir aber wissen:
Er ist das Ende der Verbrechen.
Er ist keine Tollheit, sondern
Das Ende der Tollheit.
Er ist nicht das Rätsel
Sondern die Lösung.
Er ist das Einfache
Das schwer zu machen ist.

Ausbeutung der Erde und der Menschen

Me-ti sagte: Bevor Meister Ka-meh kam, glaubte man, der Reichtum komme davon, daß die Erde ausgebeutet wurde. Meister Ka-meh lehrte, daß der Reichtum davon kommt, daß Menschen ausgebeutet werden. Nicht der Wald bringt den Ertrag, sondern die Menschen, die man hinführt, damit sie ihn hauen. Nicht die Baumwolle bringt den Gewinn, sondern die Pflücker, Spinner und Weber bringen ihn. Der Wald und die Baumwolle sind die Werkzeuge, mit denen man aus Menschen Geld holt. (Dieses System führt zu einer immer größeren Ausbeutung der Menschen, aber zu einer immer geringeren Ausbeutung der Erde.)
Me-ti sagte: Nach Ka-meh ist es mit den Webstühlen so: Wenn die Webstühle verbessert werden, dann können an einem Webstuhl fünf Weber hundertmal soviel Tuch weben als bisher. Aber nicht das so vermehrte Tuch bringt den Gewinn, sondern die fünf Arbeiter bringen ihn. Das hat folgenden Grund: Jede Sache bringt nur soviel ein, als zur Zeit ihrer Herstellung Arbeitszeit nötig ist, sie herzustellen. Der Mensch, der den Webstuhl kauft, kauft auch Arbeiter, oder vielmehr er kauft ihre Kraft, und zwar für ganze Arbeitstage. Der Webstuhl, die Baumwolle, der Arbeitsraum, das Öl und die Arbeitskraft kosten soviel, als zur Zeit ihrer Herstellung Arbeitszeit nötig ist, sie herzustellen. Auch das Tuch, das mit dem Webstuhl, der Baumwolle, dem Arbeitsraum, dem Öl und der Arbeitskraft hergestellt wird, bringt nur soviel, als zur Zeit seiner Herstellung Arbeitszeit nötig ist, es herzustellen. Woher soll nun der Gewinn kommen? Wenn alles soviel kostet, als es bringt? Der Gewinn kommt daher, daß von all den zur Herstellung des Tuches nötigen Dingen die Arbeitskraft das einzige ist,

was man ausdehnen kann. Das, was zur Herstellung einer täglichen Arbeitskraft nötig ist (dieses Essen, dieses Wohnen, dieses Kleiden, das der Arbeiter jeden Tag braucht, um arbeiten zu können), ist billiger als das, was daraus zu machen ist. Denn der Weber braucht nicht viel mehr, ob er eine Stunde oder einen Tag arbeitet. Darum ist seine Kraft die ergiebigste Ware.

Me-ti und Ka-meh
Gemeint sind Lenin und Marx. Brecht beschäftigte sich bereits während seiner ersten Marxismus-Studien auch mit chinesischer Philosophie. In den »Me-ti«-Texten versuchte er, die wichtigsten politischen Vorgänge der Zeit marxistisch in chinesischer Verkleidung zu analysieren.

Zustimmung

Als ich von der bürgerlichen Klasse, wo ich keine Zustimmung erhalten hatte, zur proletarischen überging, erhoffte ich mir auch dort nicht diese Zustimmung. (Ich hatte die bürgerliche ja nicht wegen des Fehlens der Zustimmung verlassen.) Ich erhoffte mir jedoch und erlangte auch einen aussichtsreichen Streit, das heißt, dort hatte es sowohl Sinn, zu lehren, als auch Sinn, zu lernen.

Richtiges Denken*

Wenngleich das Denken auf vielen Gebieten große Ergebnisse gezeitigt hat und immerfort zeitigt, wenngleich unsere Berechnungen uns den Magen füllen, die Kälte abhalten, die Nächte erhellen, uns von einem Ort zum andern mit großer Schnelligkeit bringen und so weiter, so ist doch unser Handeln in wichtigsten und gefährlichsten Angelegenheiten weniger von Berechnungen als von ziemlich trüben, ungenauen, ja widerspruchsvollen Beweggründen geleitet. Es ist uns nicht schwer, wenn wir gehandelt haben, triftige Beweggründe in beliebiger Menge zu nennen, aber vorher, wenn wir uns zum Handeln anschicken, haben wir keineswegs diese schöne Übersicht. In den meisten Fällen berechnen wir nicht, sondern raten.

Es wird mir nicht einfallen, zu behaupten, der Mensch sei dazu da, zu denken. Natürlich soll das Denken einfach seine Existenz ermöglichen. Ich kann mir Zustände menschlichen Zusammenlebens vorstellen, wo nicht allzu gewaltige Denkakte nötig sind, damit der Mensch sein Leben fristen kann. Es spricht entschieden sehr gegen unsere Zustände, daß kaum die gewaltigsten denkerischen Leistungen die überwiegende Mehrzahl der Menschen vor dem Elend bewahren können. Wie viele Zufälle waren nötig, damit selbst ein so praktischer und entschlossener Mensch wie Lenin halbwegs ein Alter erreichte, das ihm gestattete, etwas für die Menschheit zu tun. Und er starb sehr früh. Wieviel List brauchte er, um an einen Teil jener Bücher heranzukommen, in denen die Menschheit einige ihrer Erfahrungen aufgespeichert hatte, ich meine zum Beispiel den Platz im britischen Museum. Er war schlecht genährt, und auch diese Nahrung war nur schwer aufzutreiben. Welche Mühe hatte er, an jene Leute heranzukommen, die er unterstützen wollte und deren Unterstützung er benötigte! Man verjagte ihn und legte zwischen ihn und sie viele Länder, halb Europa.

Er dachte in andern Köpfen, und auch in seinem Kopf dachten andere. Das ist das richtige Denken.

Über Genüsse*
(aus den »Flüchtlingsgesprächen«)

Kalle
Und unter diesen Umständen könnens leicht eine Aversion gegen das Denken kriegen. Es ist kein Genuß.

Ziffel
Jedenfalls stimmen wir ein darüber, daß Genußsucht eine der größten Tugenden ist. Wo sie es schwer hat oder gar verlästert wird, ist etwas faul.

Kalle
Der Genuß am Denken ist, wie gesagt, weitgehend ruiniert. Die Genüsse sinds überhaupt. Erstens sind sie teuer. Sie zahlen für einen Blick auf die Landschaft, eine schöne Aussicht ist eine Goldgrube. Sie zahlen sogar fürs Scheißen, indem Sie einen Abort

mieten müssen. Ich hab in Stockholm einen gekannt, der regelmäßig mich besucht hat, ich hab gedacht, wegen meiner Unterhaltung, es war aber wegen meinem Abort, seiner war abschreckend.

Aversion
Abneigung. Widerwille. Hat man meistens gegen Menschen aber auch gegen Zustände.

Marx an die Proletarier*

Marx spricht die Arbeiter mit einem neuen Namen an: als *Proletarier* (nicht als Proletariat).
Er fordert die Proletarier auf, in die Geschichte einzugreifen.
Er sagt den Proletariern, daß sie in die Geschichte eingreifen können.
Marx entdeckt in der Geschichte eine Folge von Veränderungen in der materiellen Produktion.
Marx belehrt die Proletarier, daß sie die materielle Produktion verändern können.
Marx zeigt den Proletariern ihre Feinde, die die Änderung der gegenwärtigen materiellen Produktion verhindern.
Er nennt den Feind der Proletarier beim Namen: *Kapitalisten*.

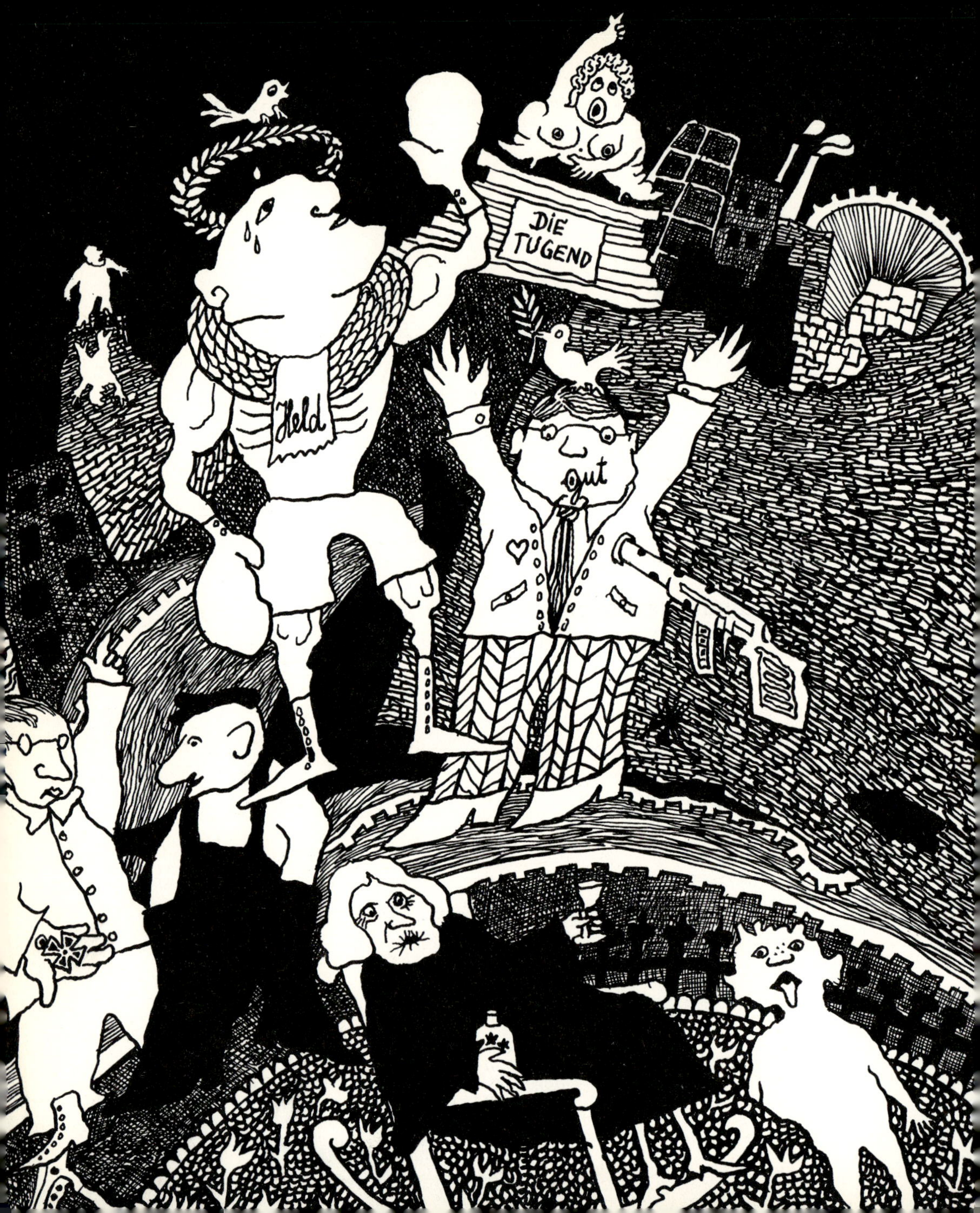
DIE
TUGEND
Held
gut

Wie man Gedichte lesen muß

Liebe Pioniere,
ihr beschäftigt euch mit meinen Gedichten. Da ich nun ab und zu über Gedichte ausgefragt werde und da ich aus meiner Jugend weiß, wie wenig Spaß uns Kindern die meisten Gedichte in unseren Lesebüchern machten, will ich ein paar Zeilen darüber schreiben, wie man nach meiner Ansicht Gedichte lesen muß, damit man Vergnügen daran haben kann.
Es ist nämlich mit Gedichten nicht immer so wie mit dem Gezwitscher eines Kanarienvogels, das hübsch klingt und damit fertig. Mit Gedichten muß man sich ein bißchen aufhalten und manchmal erst herausfinden, was schön daran ist.
Als Beispiel nehme ich eine Strophe aus J. R. Bechers Lied »Deutschland«, das einige von euch wohl in der Vertonung durch Hanns Eisler schon gesungen haben.

    Heimat, meine Trauer,
    Land im Dämmerschein,
    Himmel, du mein blauer,
    du, mein Fröhlichsein.

Was ist daran schön?
Dieser Dichter besingt seine Heimat als ein »Land im Dämmerschein«. Dämmerung ist die Tageszeit zwischen Tag und Nacht oder zwischen Nacht und Tag, wenn die Helle dem Dunkel oder das Dunkel der Helle weicht. Es ist die graue Zeit des Tages, die Zeit, welche die Franzosen entre chien et loup nennen, auf deutsch »zwischen Hund und Wolf«, die Zeit, wo man das Gute und das Böse nicht recht unterscheiden kann. Der Dichter hat solche Dämmerungen über seinem Land erlebt, da war eine, als es dem Fa-

schismus anheimfiel, der Unmenschlichkeit, und eine, als nach der Zerschmetterung des Faschismus der Morgen des Sozialismus begann. Deshalb ist für ihn das Land sowohl »Heimat, meine Trauer« als auch »Du, mein Fröhlichsein«. Und immer blieb in seinem Gedächtnis, den er im dritten Vers besingt, »Himmel, du mein blauer«, nämlich die Schönheit seines Lands, die unberührbar ist, auch wenn die Wölfe herrschen.

Das ist das Inhaltliche, und es ist schön, weil die Empfindungen des Dichters tief und von edler Art sind, weil er seine Heimat liebt mit Trauer, wenn das Böse in ihr herrscht, und mit Fröhlichkeit, wenn das Gute zur Macht kommt.

Aber dann ist da auch noch Schönes in der Art, w i e er spricht. »Heimat, meine Trauer«, das kann man nicht schöner sagen, noch »du, mein Fröhlichsein«. Es ist, wie wenn einer in Trauer geht, schwarz gekleidet, unter andern, die in gewöhnlichen Kleidern gehen, und, gefragt, warum er trauert, antwortet: Mein Land ist unter die Mörder gefallen. Und wie wenn einer lustig ist und singt, und, gefragt warum, antwortet: Mein Land wird friedlich aufgebaut. Das ist ein Mensch, dessen ganzes Glück vom Glück anderer Menschen abhängt! (Das Wort »Fröhlichsein« ist von ganz besonderer Schönheit, es hat etwas Neues, als wäre es noch nie gesagt worden und doch altbekannt.) »Himmel, du mein blauer« ist schön, weil es so zärtlich klingt, – der Dichter braucht nur das eine Wort ›blau‹, und schon strahlt dieser Himmel.

Und sehr schön ist der Rhythmus des Gedichts. Es ist eine große Ruhe darin. Wenn ihr es vor euch hin sagt, werdet ihr merken, was ich meine, und besonders leicht, wenn ihr es singt in der schönen Vertonung von Eisler.

Ich glaube nicht, daß es dem Gedicht schadet, daß ich es ein wenig auseinandergeklaubt habe. Eine Rose ist schön im ganzen, aber auch jedes ihrer Blätter ist schön. Und glaubt mir, ein Gedicht macht nur wirkliche Freude, wenn man es genau liest. Allerdings muß es auch so geschrieben sein, daß man das tun kann.

Pioniere
Gemeint sind die jungen Pioniere in der DDR, die sich tätig am Aufbau des Sozialismus in ihrem Land beteiligen sollen und nicht die alten Pioniere, die den Wilden Westen eroberten und Amerika unter den Willen der Weißen zwangen und dabei die Indianer nahezu ausrotteten.
Hanns Eisler
Er vertonte auch viele Gedichte von Brecht. Man kann sich seine Musik auf Platten anhören.

Verhör des Guten

Tritt vor: Wir hören
Daß du ein guter Mann bist.

Du bist nicht käuflich, aber der Blitz
Der ins Haus einschlägt ist auch
Nicht käuflich.
Was du einmal gesagt hast, dabei bleibst du.
Was hast du gesagt?
Du bist ehrlich, du sagst deine Meinung.
Welche Meinung?
Du bist tapfer.
Gegen wen?

Du bist weise.
Für wen?
Du siehst nicht auf deinen Vorteil.
Auf wessen denn?
Du bist ein guter Freund.
Auch guter Leute?
So höre: Wir wissen
Du bist unser Feind. Deshalb wollen wir dich
Jetzt an eine Wand stellen. Aber in Anbetracht deiner Verdienste
Und guten Eigenschaften
An eine gute Wand und dich erschießen mit
Guten Kugeln guter Gewehre und dich begraben mit
Einer guten Schaufel in guter Erde.

Ziffel erklärt seinen Unwillen gegen alle Tugenden
(aus den »Flüchtlingsgesprächen«)

Der Herbst kam mit Regen und Kälte. Das liebliche Frankreich lag am Boden. Die Völker verkrochen sich unter die Erde. Ziffel saß im Bahnhofsrestaurant von H. und schnipfelte eine Brotmarke von seiner Brotkarte.

Ziffel
Kalle, Kalle, was sollen wir armen Menschen machen? Überall wird Übermenschliches verlangt, wo sollen wir noch hin? Nicht nur ein Volk oder zwei Völker erleben eine große Zeit, sondern sie rückt unaufhaltbar für alle Völker herauf, sie kommen ihr nicht

aus. Das möcht einigen passen, daß sie keine große Zeit durchmachen müßten, und nur andere müßten es, nein daraus wird nichts, sie müssen es sich aus dem Kopf schlagen. Über dem ganzen Kontinent nehmen die Heldentaten zu, die Leistungen des gemeinen Mannes werden immer gigantischer, jeden Tag wird eine neue Tugend erfunden. Damit man zu einem Sack Mehl kommt, braucht man eine Energie, mit der man früher den Boden einer ganzen Provinz hätt urbar machen können. Damit man herausbringt, ob man schon heut fliehen muß oder erst morgen fliehen darf, ist eine Intelligenz nötig, mit der man noch vor ein paar Jahrzehnten hätt ein unsterbliches Werk schaffen können. Eine homerische Tapferkeit wird gefordert, damit man auf die Straße gehen kann, die Selbstentsagung von einem Buddha, damit man überhaupt geduldet wird. Nur wenn man die Menschlichkeit von einem Franz von Assisi aufbringt, kann man sich von einem Mord zurückhalten. Die Welt wird ein Aufenthaltsort für Heroen, wo sollen wir da hin? Eine Zeitlang hats ausgesehen, als ob die Welt bewohnbar werden könnt, ein Aufatmen ist durch die Menschen gegangen. Das Leben ist leichter geworden. Der Webstuhl, die Dampfmaschine, das Auto, das Flugzeug, die Chirurgie, die Elektrizität, das Radio, das Pyramidon kam, und der Mensch konnte fauler, feiger, wehleidiger, genußsüchtiger, kurz glücklicher sein. Die ganze Maschinerie diente dazu, daß jeder alles tun können sollte. Man rechnete mit ganz gewöhnlichen Leuten in Mittelgröße. Was ist aus dieser hoffnungsvollen Entwicklung geworden? Die Welt ist schon wieder voll von den wahnwitzigsten Forderungen und Zumutungen. Wir brauchen eine Welt, in der man mit einem Minimum an Intelligenz, Mut, Vaterlandsliebe, Ehrgefühl, Gerechtigkeitssinn usw. auskommt, und was haben wir? Ich sage Ihnen, ich habe es satt, tugendhaft zu sein, weil nichts klappt, ent-

sagungsvoll, weil ein unnötiger Mangel herrscht, fleißig wie eine
Biene, weil es an Organisation fehlt, tapfer, weil mein Regime
mich in Kriege verwickelt. Kalle, Mensch, Freund, ich habe alle
Tugenden satt und weigere mich, ein Held zu werden.

*Die Kellnerin nahm die Brotmarke in Empfang, der Dingsda
überfiel Griechenland, Roosevelt fuhr auf Wahlagitation, Churchill und die Fische warteten auf die Invasion, der Wieheißterdochgleich schickte Soldaten nach Rumänien, und die Sowjetunion
schwieg weiter.*

Pyramidon
Ein Schmerz-, Fieber-, Rheumamittel.

Gedenktafel für 12 Weltmeister

Dies ist die Geschichte der Weltmeister im Mittelgewicht
Ihrer Kämpfe und Laufbahnen
Vom Jahre 1891
Bis heute.

Ich beginne die Serie im Jahre 1891 –
Der Zeit rohen Schlagens
Wo die Boxkämpfe noch über 56 und 70 Runden gingen
Und einzig beendet wurden durch den Niederschlag –
Mit *Bob Fitzsimmons,* dem Vater der Boxtechnik
Inhaber der Weltmeisterschaft im Mittelgewicht

Und im Schwergewicht (durch seinen am 17. März 1897
    erfochtenen Sieg über Jim Corbett).
34 Jahre seines Lebens im Ring, nur sechsmal geschlagen
So sehr gefürchtet, daß er das ganze Jahr 1889
Ohne Gegner war. Erst im Jahre 1914
Im Alter von 51 Jahren absolvierte er
Seine beiden letzten Kämpfe:
Ein Mann ohne Alter.
1905 verlor Bob Fitzsimmons seinen Titel an

Jack O'Brien genannt *Philadelphia Jack*.
Jack O'Brien begann seine Boxerlaufbahn
Im Alter von 18 Jahren
Er bestritt über 200 Kämpfe. Niemals
Fragte Philadelphia Jack nach der Börse.
Er ging aus von dem Standpunkt
Daß man lernt durch Kämpfe
Und er siegte, so lange er lernte.

Jack O'Briens Nachfolger war
Stanley Ketchel
Berühmt durch vier wahre Schlachten
Gegen Billie Papke
Und als rauhster Kämpfer aller Zeiten
Hinterrücks erschossen mit 23 Jahren
An einem lachenden Herbsttage
Vor seiner Farm sitzend
Unbesiegt.

Ich setze meine Serie fort mit
Billie Papke
Dem ersten Genie des Infighting.
Damals wurde zum ersten Male gehört
Der Name: Menschliche Kampfmaschine.
Im Jahre 1913 zu Paris
Wurde er geschlagen
Durch einen größeren in der Kunst des Infighting:
Frank Klaus.

Frank Klaus, sein Nachfolger, traf sich
Mit den berühmten Mittelgewichten seiner Zeit
Jim Gardener, Billie Berger
Willie Lewis und Jack Dillon
Und Georges Carpentier war gegen ihn schwach wie ein Kind.

Ihn schlug *George Chip*
Der unbekannte Mann aus Oklahoma
Der nie sonst Taten von Bedeutung vollbrachte
Und geschlagen wurde von
Al Maccoy, dem schlechtesten aller Mittelgewichtsmeister
Der weiter nichts konnte als einstecken
Und seiner Würde entkleidet wurde von

Mike O'Dowd
Dem Mann mit dem eisernen Kinn
Geschlagen von

Johnny Wilson
Der 48 Mäner k. o. schlug
Und selber k. o. geschlagen wurde von

Harry Grebb, der menschlichen Windmühle
Dem zuverlässigsten aller Boxer
Der keinen Kampf ausschlug
Und jeden bis zu Ende kämpfte
Und wenn er verloren hatte, sagte:
Ich habe verloren.
Der den Männertöter Dempsey
Den Tigerjack, den Manassamauler
Verrückt machte, daß er beim Training
Seine Handschuhe wegwarf
Das »Phantom, das nicht stillstehen konnte«
Geschlagen 1926 nach Punkten von
Tiger Flowers, dem Neger und Pfarrer
Der nie k. o. ging.

Nach ihm war Weltmeister im Mittelgewicht
Der Nachfolger des boxenden Pfarrers
Mickey Walker, der den mutigsten Boxer Europas
Den Schotten Tommy Milligan
Am 30. Juni 1927 zu London in 30 Minuten
In Stücke schlug.

Bob Fitzsimmons
Jack O'Brien
Stanley Ketchel
Billie Papke

Frank Klaus
George Chip
Al MacCoy
Mike O'Dowd
Johnny Wilson
Harry Grebb
Tiger Flowers
Mickey Walker –
Dies sind die Namen von 12 Männern
Die auf ihrem Gebiet die besten ihrer Zeit waren
Festgestellt durch harten Kampf
Unter Beobachtung der Spielregeln
Vor den Augen der Welt.

Epitaph für M.

Den Haien entrann ich
Die Tiger erlegte ich
Aufgefressen wurde ich
Von den Wanzen.

Epitaph
Grabmal mit Inschrift.

Hilflosigkeit alter Menschen

Die Hilflosigkeit alter Menschen, welche Schonung verdient, besteht darin, daß sie sich nicht mehr auf ihre Überzeugungsgewalt verlassen können und daher auf ihre Autorität pochen müssen. Ihre Erfahrungen berechtigen sie zu mancherlei Vorschlägen, aber sie haben ihre Erfahrungen oft vergessen. Liebe zu erwerben sind sie nicht mehr stark genug, da müssen sie sich auf die frühere Liebe verlassen. Sie können nunmehr leise reden, darum sollte man schweigen in ihrer Anwesenheit. Sie reden lang, weil sie den Faden verlieren. Sie sind tyrannisch, weil sie nicht mehr geliebt werden. Sie sind ungeduldig, weil sie bald sterben. Sie sind mißtrauisch, weil sie nichts mehr nachprüfen können. Sie erinnern an die Erfahrung, die man mit ihnen früher gemacht hat, weil man keine mehr mit ihnen machen kann. Der Nutzen, den sie zu geben vermögen, ist schwer zu gewinnen, der Schaden schwer abzuhalten. Sie müssen mit besonderer Freundlichkeit behandelt werden.

Autorität
Auf allgemein anerkannter Machtbefugnis beruhendes Ansehen. Für den kleinen Mann will jeder Autorität sein. Wer mächtig ist fordert Glauben, Achtung und Gehorsam von allen, die nicht mächtig sind. Besonders den Kindern gegenüber pochen die meisten erwachsenen Leute auf ihre Autorität.
Autorität kann natürlich auch auf Kenntnissen beruhen. Das tut sie jedoch in den seltensten Fällen.

Die unwürdige Greisin

Meine Großmutter war zweiundsiebzig Jahre alt, als mein Großvater starb. Er hatte eine kleine Lithographenanstalt in einem badischen Städtchen und arbeitete darin mit zwei, drei Gehilfen bis zu seinem Tod. Meine Großmutter besorgte ohne Magd den Haushalt, betreute das alte, wacklige Haus und kochte für die Mannsleute und Kinder.
Sie war eine kleine magere Frau mit lebhaften Eidechsenaugen, aber langsamer Sprechweise. Mit recht kärglichen Mitteln hatte sie fünf Kinder großgezogen – von den sieben, die sie geboren hatte. Davon war sie mit den Jahren kleiner geworden.
Von den Kindern gingen die zwei Mädchen nach Amerika, und zwei der Söhne zogen ebenfalls weg. Nur der Jüngste, der eine schwache Gesundheit hatte, blieb im Städtchen. Er wurde Buchdrucker und legte sich eine viel zu große Familie zu.
So war sie allein im Haus, als mein Großvater gestorben war.
Die Kinder schrieben sich Briefe über das Problem, was mit ihr zu geschehen hätte. Einer konnte ihr bei sich ein Heim anbieten, und der Buchdrucker wollte mit den Seinen zu ihr ins Haus ziehen. Aber die Greisin verhielt sich abweisend zu den Vorschlägen und wollte nur von jedem ihrer Kinder, das dazu imstande war, eine kleine geldliche Unterstützung annehmen. Die Lithographenanstalt, längst veraltet, brachte fast nichts beim Verkauf, und es waren auch Schulden da.
Die Kinder schrieben ihr, sie könne doch nicht ganz allein leben, aber als sie darauf überhaupt nicht einging, gaben sie nach und schickten ihr monatlich ein bißchen Geld. Schließlich, dachten sie, war ja der Buchdrucker im Städtchen geblieben.

Der Buchdrucker übernahm es auch, seinen Geschwistern mitunter über die Mutter zu berichten. Seine Briefe an meinen Vater und was dieser bei einem Besuch und nach dem Begräbnis meiner Großmutter zwei Jahre später erfuhr, geben mir ein Bild von dem, was in diesen zwei Jahren geschah.

Es scheint, daß der Buchdrucker von Anfang an enttäuscht war, daß meine Großmutter sich weigerte, ihn in das ziemlich große und nun leerstehende Haus aufzunehmen. Er wohnte mit vier Kindern in drei Zimmern. Aber die Greisin hielt überhaupt nur eine sehr lose Verbindung mit ihm aufrecht. Sie lud die Kinder jeden Sonntagnachmittag zum Kaffee, das war eigentlich alles.

Sie besuchte ihren Sohn ein- oder zweimal in einem Vierteljahr und half der Schwiegertochter beim Beereneinkochen. Die junge Frau entnahm einigen ihrer Äußerungen, daß es ihr in der kleinen Wohnung des Buchdruckers zu eng war. Dieser konnte sich nicht enthalten, in seinem Bericht darüber ein Ausrufezeichen anzubringen.

Auf eine schriftliche Anfrage meines Vaters, was die alte Frau denn jetzt so mache, antwortete er ziemlich kurz, sie besuche das Kino.

Man muß verstehen, daß das nichts Gewöhnliches war, jedenfalls nicht in den Augen ihrer Kinder. Das Kino war vor dreißig Jahren noch nicht, was es heute ist. Es handelte sich um elende, schlecht gelüftete Lokale, oft in alten Kegelbahnen eingerichtet, mit schreienden Plakaten vor dem Eingang, auf denen Morde und Tragödien der Leidenschaft angezeigt waren. Eigentlich gingen nur Halbwüchsige hin oder, des Dunkels wegen, Liebespaare. Eine einzelne alte Frau mußte dort sicher auffallen.

Und so war noch eine andere Seite dieses Kinobesuches zu bedenken. Der Eintritt war gewiß billig, da aber das Vergnügen ungefähr unter den Schleckereien rangierte, bedeutete es »hinausgeworfenes Geld«. Und Geld hinauszuwerfen war nicht respektabel.

Dazu kam, daß meine Großmutter nicht nur mit ihrem Sohn am Ort keinen regelmäßigen Verkehr pflegte, sondern auch sonst niemanden von ihren Bekannten besuchte oder einlud. Sie ging niemals zu den Kaffeegesellschaften des Städtchens. Dafür besuchte sie häufig die Werkstatt eines Flickschusters in einem armen und sogar etwas verrufenen Gäßchen, in der, besonders nachmittags, allerlei nicht besonders respektable Existenzen herumsaßen, stellungslose Kellnerinnen und Handwerksburschen. Der Flickschuster war ein Mann in mittleren Jahren, der in der ganzen Welt herumgekommen war, ohne es zu etwas gebracht zu haben. Es hieß auch, daß er trank. Er war jedenfalls kein Verkehr für meine Großmutter.
Der Buchdrucker deutete in einem Brief an, daß er seine Mutter darauf hingewiesen, aber einen recht kühlen Bescheid bekommen habe. »Er hat etwas gesehen«, war ihre Antwort, und das Gespräch war damit zu Ende. Es war nicht leicht, mit meiner Großmutter über Dinge zu reden, die sie nicht bereden wollte.
Etwa ein halbes Jahr nach dem Tod des Großvaters schrieb der Buchdrucker meinem Vater, daß die Mutter jetzt jeden zweiten Tag im Gasthof esse.
Was für eine Nachricht! Großmutter, die zeit ihres Lebens für ein Dutzend Menschen gekocht und immer nur die Reste aufgegessen hatte, aß jetzt im Gasthof! Was war in sie gefahren?
Bald darauf führte meinen Vater eine Geschäftsreise in die Nähe, und er besuchte seine Mutter.
Er traf sie im Begriffe, auszugehen. Sie nahm den Hut wieder ab und setzte ihm ein Glas Rotwein mit Zwieback vor. Sie schien ganz ausgeglichener Stimmung zu sein, weder besonders aufgekratzt noch besonders schweigsam. Sie erkundigte sich nach uns, allerdings nicht sehr eingehend, und wollte hauptsächlich wissen,

ob es für die Kinder auch Kirschen gäbe. Da war sie ganz wie immer. Die Stube war natürlich peinlich sauber, und sie sah gesund aus.

Das einzige, was auf ihr neues Leben hindeutete, war, daß sie nicht mit meinem Vater auf den Gottesacker gehen wollte, das Grab ihres Mannes zu besuchen. »Du kannst allein hingehen«, sagte sie beiläufig, »es ist das dritte von links in der elften Reihe. Ich muß noch wohin.«

Der Buchdrucker erklärte nachher, daß sie wahrscheinlich zu ihrem Flickschuster mußte. Er klagte sehr.

»Ich sitze hier in diesen Löchern mit den Meinen und habe nur noch fünf Stunden Arbeit und schlecht bezahlte, dazu macht mir mein Asthma wieder zu schaffen, und das Haus in der Hauptstraße steht leer.«

Mein Vater hatte im Gasthof ein Zimmer genommen, aber erwartet, daß er zum Wohnen doch von seiner Mutter eingeladen werden würde, wenigstens pro forma, aber sie sprach nicht davon. Und sogar als das Haus voll gewesen war, hatte sie immer etwas dagegen gehabt, daß er nicht bei ihnen wohnte und dazu das Geld für das Hotel ausgab!

Aber sie schien mit ihrem Familienleben abgeschlossen zu haben und neue Wege zu gehen, jetzt wo ihr Leben sich neigte. Mein Vater, der eine gute Portion Humor besaß, fand sie ›ganz munter‹ und sagte meinem Onkel, er solle die alte Frau machen lassen, was sie wolle.

Aber was wollte sie?

Das nächste, was berichtet wurde, war, daß sie eine Bregg bestellt hatte und nach einem Ausflugsort gefahren war, an einem gewöhnlichen Donnerstag. Eine Bregg war ein großes, hochrädriges Pferdegefährt mit Plätzen für ganze Familien. Einige wenige Male, wenn wir Enkelkinder zu Besuch gekommen waren, hatte Großvater die Bregg gemietet. Großmutter war immer zu Hause geblieben. Sie hatte es mit einer wegwerfenden Handbewegung abgelehnt, mitzukommen

Und nach der Bregg kam die Reise nach K., einer größeren Stadt, etwa zwei Eisenbahnstunden entfernt. Dort war ein Pferderennen, und zu dem Pferderennen fuhr meine Großmutter.

Der Buchdrucker war jetzt durch und durch alarmiert. Er wollte einen Arzt hinzugezogen haben. Mein Vater schüttelte den Kopf, als er den Brief las, lehnte aber die Hinzuziehung eines Arztes ab.

Nach K. war meine Großmutter nicht allein gefahren. Sie hatte ein junges Mädchen mitgenommen, eine halb Schwachsinnige, wie der Buchdrucker schrieb, das Küchenmädchen des Gasthofs, in dem die Greisin jeden zweiten Tag speiste.

Dieser ›Krüppel‹ spielte von jetzt ab eine Rolle.

Meine Großmutter schien einen Narren an ihr gefressen zu haben. Sie nahm sie mit ins Kino und zum Flickschuster, der sich übrigens als Sozialdemokrat herausgestellt hatte, und es ging das Gerücht, daß die beiden Frauen bei einem Glas Rotwein in der Küche Karten spielten.

»Sie hat dem Krüppel jetzt einen Hut gekauft mit Rosen drauf«, schrieb der Buchdrucker verzweifelt. »Und unsere Anna hat kein Kommunionskleid!«

Die Briefe meines Onkels wurden ganz hysterisch, handelten nur von der ›unwürdigen Aufführung unserer lieben Mutter‹ und gaben sonst nichts mehr her. Das Weitere habe ich von meinem Vater.

Der Gastwirt hatte ihm mit Augenzwinkern zugeraunt: »Frau B. amüsiert sich ja jetzt, wie man hört.«

In Wirklichkeit lebte meine Großmutter auch diese letzten Jahre keinesfalls üppig. Wenn sie nicht im Gasthof aß, nahm sie meist nur ein wenig Eierspeise zu sich, etwas Kaffee und vor allem ihren geliebten Zwieback. Dafür leistete sie sich einen billigen Rotwein, von dem sie zu allen Mahlzeiten ein kleines Glas trank. Das Haus hielt sie sehr rein, und nicht nur die Schlafstube und die Küche, die sie benutzte. Jedoch nahm sie darauf ohne Wissen ihrer Kinder eine Hypothek auf. Es kam niemals heraus, was sie mit dem Geld machte. Sie scheint es dem Flickschuster gegeben zu haben. Er zog nach ihrem Tod in eine andere Stadt und soll dort ein größeres Geschäft für Maßschuhe eröffnet haben.

Genau betrachtet lebte sie hintereinander zwei Leben. Das eine, erste, als Tochter, als Frau und als Mutter, und das zweite einfach als Frau B., eine alleinstehende Person ohne Verpflichtungen und mit bescheidenen, aber ausreichenden Mitteln. Das erste Leben dauerte etwa sechs Jahrzehnte, das zweite nicht mehr als zwei Jahre.

Mein Vater brachte in Erfahrung, daß sie im letzten halben Jahr sich gewisse Freiheiten gestattete, die normale Leute gar nicht kennen. So konnte sie im Sommer früh um drei Uhr aufstehen und durch die leeren Straßen des Städtchens spazieren, das sie so für sich ganz allein hatte. Und den Pfarrer, der sie besuchen kam, um der alten Frau in ihrer Vereinsamung Gesellschaft zu leisten, lud sie, wie allgemein behauptet wurde, ins Kino ein!

Sie war keineswegs vereinsamt. Bei dem Flickschuster verkehrten anscheinend lauter lustige Leute, und es wurde viel erzählt. Sie hatte dort immer eine Flasche ihres eigenen Rotweins stehen, und daraus trank sie ihr Gläschen, während die anderen erzählten und über die würdigen Autoritäten der Stadt loszogen. Dieser Rotwein blieb für sie reserviert, jedoch brachte sie mitunter der Gesellschaft stärkere Getränke mit.

Sie starb ganz unvermittelt, an einem Herbstnachmittag in ihrem Schlafzimmer, aber nicht im Bett, sondern auf dem Holzstuhl am Fenster. Sie hatte den ›Krüppel‹ für den Abend ins Kino eingeladen, und so war das Mädchen bei ihr, als sie starb. Sie war vierundsiebzig Jahre alt.
Ich habe eine Fotografie von ihr gesehen, die sie auf dem Totenbett zeigt und die für die Kinder angefertigt worden war.
Man sieht ein winziges Gesichtchen mit vielen Falten und einen schmallippigen, aber breiten Mund. Viel Kleines, aber nichts Kleinliches. Sie hatte die langen Jahre der Knechtschaft und die kurzen Jahre der Freiheit ausgekostet und das Brot des Lebens aufgezehrt bis auf den letzten Brosamen.

Lithographenanstalt
In solcher Anstalt werden Steindruckplatten hergestellt.
pro forma
Der Form wegen. Zum Schein.
Man kann in dumme Situationen kommen, wenn man pro forma jemanden einlädt und der die Einladung annimmt.
Respektabel
Respektable Leute sind angesehene Leute und ansehnliche. Man muß jedoch fragen: Bei wem angesehen und für wen ansehnlich.
Hypothek
Pfandverschreibung auf Besitztümer, die man hat, damit derjenige, der das Geld verleiht, abgesichert ist. Damit kann man Häuser bauen. Natürlich nur, wenn man schon welche hat.

$\frac{1}{2}+\frac{1}{3}+\frac{1}{9}=\frac{17}{18}$
SOZIALISMUS
STOP
US-
JMPERIALISM

Freundschaftsdienste

Als Beispiel für die richtige Art, Freunden einen Dienst zu erweisen, gab Herr K. folgende Geschichte zum besten. »Zu einem alten Araber kamen drei junge Leute und sagten ihm: ›Unser Vater ist gestorben. Er hat uns siebzehn Kamele hinterlassen und im Testament verfügt, daß der Älteste die Hälfte, der zweite ein Drittel und der Jüngste ein Neuntel der Kamele bekommen soll.

Jetzt können wir uns über die Teilung nicht einigen; übernimm du die Entscheidung!‹ Der Araber dachte nach und sagte: ›Wie ich es sehe, habt ihr, um gut teilen zu können, ein Kamel zu wenig. Ich habe selbst nur ein einziges Kamel, aber es steht euch zur Ver-

fügung. Nehmt es und teilt dann, und bringt mir nur, was übrigbleibt.‹ Sie bedankten sich für diesen Freundschaftsdienst, nahmen das Kamel mit und teilten die achtzehn Kamele nun so, daß der Älteste die Hälfte, das sind neun, der Zweite ein Drittel, das sind sechs, und der Jüngste ein Neuntel, das sind zwei Kamele, bekam. Zu ihrem Erstaunen blieb, als sie ihre Kamele zur Seite geführt hatten, ein Kamel übrig. Dieses brachten sie ihren Dank erneuernd, ihrem alten Freund zurück.«
Herr K. nannte diesen Freundschaftsdienst richtig, weil er keine besonderen Opfer verlangte.

Barbara

Ich dachte lange darüber nach, wie diese Geschichte heißt. Aber dann wußte ich, daß sie »Barbara« heißt. Ich gebe zu, daß Barbara selber nur ganz am Anfang vorkommt und die ganze Geschichte hindurch in viel zu schlechtem Licht dasteht, aber die Geschichte kann gar nicht anders heißen als »Barbara«.
Edmund, genannt Eddi, 200 Pfund schwer, Melancholiker, tat sehr unrecht, mich abends 9 Uhr, nur weil wir ein paar Kurfürstendamm-Cocktails zusammen geschluckt hatten und sein Chrysler vor der Bar stand, in die Lietzenburger Straße 53 zu Barbara mitzunehmen, obwohl er wissen mußte, daß Barbara eine »sehr wichtige Unterredung mit einem Kabarettdirektor« hatte.
Wir klingelten, traten ein, hängten die Mäntel auf, sahen Barbara wütend auf uns zukommen, hörten sie: »Du machst mich noch

wahnsinnig mit deiner idiotischen Eifersucht« schreien, worauf eine Tür zufiel und wir merkten, daß wir wieder unten vor Eddis Chrysler standen. Wir setzen uns sofort hinein.

Eddi fuhr ein sehr rasches Tempo. Er fuhr wie ein Windstoß durch zwei sich kreuzende Elektrischen hindurch, am Kinn einer alten Dame entlang, um einen Schupomann herum, mit Vollgas über die Halenseer Brücke.

Und während der ganzen Zeit redete er in einem fort. Er sah genau so aus, als ob eine Fettkugel, mit einem kleinen steifen schwarzen Hut als Kopf, in ihrem Mittelpunkt einen kleinen schwarzen Schalthebel und zwischen diesem und dem Hut, alles sorgsam in Fett eingepolstert, ein ziemlich großes Lenkrad hätte und sich nun mit unheimlicher und zunehmender Schnelligkeit in der Richtung auf größere Wälder zu bewegte.

Und wie gesagt, dabei redete die Fettkugel.

»Siehst du«, sagte sie, »das war ja nur eine Kleinigkeit. Eine kleine Unhöflichkeit, verursacht durch starke Nervosität. Aber siehst du, diese Kleinigkeiten sind es eben, offen gestanden: Ich habe vollkommen genug davon. Was heißt Eifersucht? Wenn es jemand gibt, der nicht eifersüchtig ist, der dieses Gefühl überhaupt nicht kennt, nie gekannt hat, so bin ich es. Natürlich schwärme ich nicht für Kabarettdirektoren, aber das wäre auch zu viel verlangt. Natürlich ist es ihr Recht, solch einen Burschen bei sich zu empfangen, abends um 9 Uhr und im Pyjama, und wenn es jemand gibt, der ein Recht respektiert, jeder Art, bis an die Grenze, dann bin ich es. Aber es ist einfach leichtsinnig von Barbara. Das sage ich, nichts sonst. Eifersucht!

Ich kann dir gar nicht sagen, wie wütend ich werde, wenn ich solch einen Herrenulster in Barbaras Garderobe hängen sehe. Natürlich ist es nicht der Mantel. Ich weiß auch gar nicht, was es ist, aber ich habe einfach einen instinktiven Widerwillen vor Mänteln mit Pelzfutter. Mein eigener, den ich doch selber trage, ist mir zum Ekel. Aber ich habe mir ja längst verkniffen, meine eigenen Meinungen zu äußern. Ich muß dir sagen, daß es damit jetzt ein Ende hat. Endgültig.«

So sprach Eddi, als wir über die Halenseer Brücke waren. Im Grunewald war er schon viel weiter. Es war eine trübe Nacht mit einem widerlichen Nebel, und ich wäre lieber zu Hause gewesen. Aber Eddi hatte noch viel zu sagen.

Er hatte deutlich die Absicht, mich mit seiner Weltanschauung bekannt zu machen. Er sagte mir alles, was er dachte über die Welt. Er sagte mir es ungeschminkt und fuhr dabei ein Tempo von 90 Kilometer auf einem Weg, den es eigentlich gar nicht gab, außer in seiner Phantasie. Er war ein schlechter Philosoph und ein ausgezeichneter Autofahrer, aber sein Fahren war viel gefährlicher als seine Philosophie. Er sagte, daß die Menschen überhaupt falsch konstruiert seien, einfach eine Fehlkonstruktion von der unausgeprobten Art, wie sie gewisse Firmen auf den Markt werfen, die sich zu wenig Zeit nehmen und dann ihren Schund mit einer hübschen Aluminiumkarosserie zudecken. Aber ich sah rasend vorüberflitzende Kiefern und hatte das Gefühl, daß das Tempo einfach zu rasch war.

Eddi gab noch etwas Gas, um das Tempo höher zu kriegen, und sagte mir, was er über die Frauen dachte. Die Frauen hielt Eddi, als er das Tempo auf 100 Kilometer gebracht hatte, für einen solchen Schund, daß er sich fragte, warum sie eigentlich immerfort über andere Haustiere gestellt würden, die weit zuverlässiger seien. Sie seien viel zu leichtes Zeug, Rabitzwände! In das Wort »Rabitzwände«, auf Frauen angewandt, verbiß er sich direkt. Er stieß es wiederholt hervor und fügte noch hinzu, daß sie einfach wegen Unsolidität von der Feuerpolizei verboten werden müßten, und kam so auf das erschreckende Tempo von 110 Kilometer.

Ich konnte Eddis Argumente gegen die Frauen in der Eile (110 Kilometer in der Stunde!) nicht nachprüfen, aber die Kiefern, die ich vorbeisausen sah, schienen mir ungeheuer solide und äußerst haltbar.

Das Unheimliche war, daß Eddis Weltschmerz einen Fuß hatte, der auf den Gashebel drückte. Da der Fuß nicht zu beseitigen war, konnte ich höchstens versuchen, etwas gegen den Weltschmerz zu tun.

Infolgedessen fing ich an, mitten in der Nacht, auf einer unbeleuchteten Chaussee, zwischen Wannsee und Potsdam, Grunewald usw., einer tollgewordenen Fettkugel die Vorzüge des Planeten zu zeigen. Ich sagte ihm, da ich unter solchen Umständen auf Details nicht eingehen konnte, einfach, daß alles relativ sei, obwohl ich sehen mußte, daß unsere Geschwindigkeit zweifellos absolut war. Wir bewegten uns keinesfalls »verhältnismäßig« schnell auf unseren Tod zu. Als ich auf das Thema »Auf Regen folgt Sonnenschein« zu sprechen kam, rasten wir gerade einen waldigen Abhang hinunter, und als wir endlich unten über eine Wiese fuhrwerkten, konnte mein Vortrag über »die guten Seiten, die die Frauen auch hätten« natürlich nur von geringer Wirkung sein. Unten bekam Eddi die Straße wieder in Sicht und konnte seinen Wagen schnell wieder auf ein Tempo bringen, das seiner Verzweiflung angemessen war.

Ich war total erschöpft. Ich sah voraus, daß wir im Morgengrauen an irgendeinem, jetzt noch unbescholtenen Kilometerstein liegen würden, wir, das heißt ein ehemaliges Auto, ein ehemaliger Wahnsinniger und das ehemalige Opfer des Wahnsinnigen. Ich war schrecklich erbittert.

Wir fuhren eine Zeitlang, mindestens eine halbe Stunde, in finsterem Schweigen, aber mit keineswegs abnehmender Geschwindigkeit. Dann fuhr Eddi wieder einen Kiesabhang hinunter, und ich sagte kurz und barsch: »Du fährst saumäßig!«
Dieser Ausspruch, der mein Ernst war, übte eine große Wirkung auf Eddi aus. Er war bekannt als ausgezeichneter Fahrer. Es war das einzige, was er konnte.
Ein dumpfer Laut kam aus seinem unförmigen Körper. Es klang wie das Ächzen eines Mastodons, dem man gesagt hat, es sei zu schwächlich, um einen Grashalm auszurupfen.
Dann fuhr Eddi 120 Kilometer.
Wir waren gerade in einer sehr kurvenreichen Gegend. Eddi ging in jede Kurve mit Vollgas. Es war wenig Licht da, nur in den Dörfern gab es vereinzelte Lichterchen, aus Kuhställen usw. Bei einem davon sah ich in einem schwachen, blitzartigen Schimmer Eddis Visage; er hatte ein dünnes, verächtliches Lächeln auf seinem Kindergesicht, das nicht mehr von dieser Welt war.
Aber mitten in einem Walde, schwarz wie die Sünde, hackte der Motor.
Dann gab Eddi Gas.
Dann fuhr der Wagen langsamer.
Dann trat Eddi die Kupplung und gab wieder Gas.
Dann blieb der Wagen stehen.
Es war kein Benzin mehr drin.
Eddi stieg aus und stierte in den Benzinbehälter, sah in seiner Kanne nach, schüttelte sie und setzte sich gebrochen auf das Trittbrett. Es war in einem Wald ohne Anfang und Ende, einem Wald, der sicher auf der Karte nicht verzeichnet war. Er mußte ziemlich weit östlich liegen, denn es war kalt wie in einem Eisloch.
Und damit ist meine Geschichte im Grunde aus. Ich kann nur noch

sagen, daß gegen Morgen zu in einem abgelegenen Dörfchen zwei Männer gesehen wurden, die einen Chrysler vor sich her schoben, während der eine, schlanke, dem anderen alles sagte, was er über ihn dachte und noch einiges mehr, und der andere, eine ramponierte Fettkugel ohne jede Form, schnaufend schob und ab und zu lachte.
Aber es war ein kindliches und fröhliches Lachen.

Detail
Ein Detail einer Sache ist ein Einzelteil. Ein echtes Problem: Wie kann man mit dem Detail im Auge den ganzen Balken noch sehen. Man muß das üben. Sonst kriegt man vom Kuchen immer nur ein kleines Stück und nie einen ganzen Kuchen.
Mastodon
Ausgestorbener eiszeitlicher Rüsselhufer. Der Vorläufer des Elefanten.

Über Kompromisse
oder
Wein und Wasser aus zwei Gläsern trinken

Mi-en-leh lehrte über Kompromisse: Kompromisse sind oft nötig. Viele Leute verstehen darunter Wasser in seinen Wein schütten. Gemeint ist, unverdünnt sei Wein unbekömmlich. Oder, der vorhandene Wein reicht für den Durst nicht aus. Ich habe eine andere Ansicht von Kompromissen. Ich trinke dann Wein und Wasser aus zwei Gläsern. Denn es ist viel zu schwer, dann wieder den Wein aus dem Wasser zu schütten.

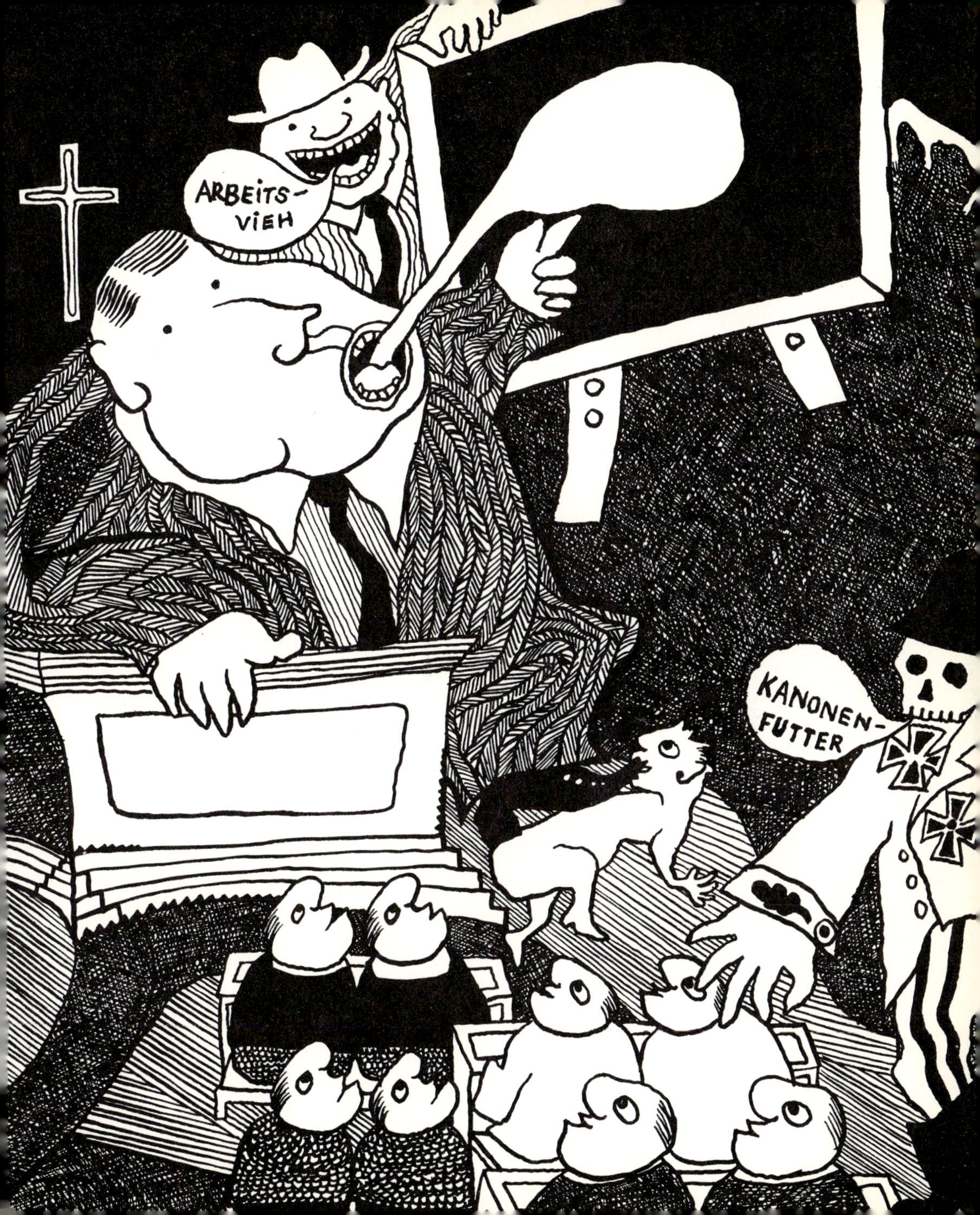
ARBEITS-
VIEH
KANONEN-
FUTTER

Der hilflose Knabe

Herr K. sprach über die Unart, erlittenes Unrecht stillschweigend in sich hineinzufressen, und erzählte folgende Geschichte: »Einen vor sich hin weinenden Jungen fragte ein Vorübergehender nach dem Grund seines Kummers. ›Ich hatte zwei Groschen für das Kino beisammen‹, sagte der Knabe, ›da kam ein Junge und riß mir einen aus der Hand‹, und er zeigte auf einen Jungen, der in einiger Entfernung zu sehen war. ›Hast du denn nicht um Hilfe geschrien?‹ fragte der Mann. ›Doch‹, sagte der Junge und schluchzte ein wenig stärker. ›Hat dich niemand gehört?‹ fragte ihn der Mann weiter, ihn liebevoll streichelnd. ›Nein‹, schluchzte der Junge. ›Kannst du denn nicht lauter schreien?‹ fragte der Mann. ›Nein‹ sagte der Junge und blickte ihn mit neuer Hoffnung an. Denn der Mann lächelte. ›Dann gib auch den her‹, sagte er, nahm ihm den letzten Groschen aus der Hand und ging unbekümmert weiter.«

Alljährlich im September, wenn die Schulzeit beginnt

Alljährlich im September, wenn die Schulzeit beginnt
Stehen in den Vorstädten die Weiber in den Papiergeschäften
Und kaufen die Schulbücher und Schreibhefte für ihre Kinder.
Verzweifelt fischen sie ihre letzten Pfennige
Aus den abgegriffenen Beutelchen, jammernd
Daß das Wissen so teuer ist. Dabei ahnen sie nicht
Wie schlecht das Wissen ist, das für ihre
Kinder bestimmt wird.

Über den Unmenschen /
Geringe Forderungen der Schule
Herrnreitter
(aus den »Flüchtlingsgesprächen«)

Ziffel ging beinahe täglich in das Bahnhofsrestaurant, denn in dem großen Lokal war ein kleiner Stand für Tabakwaren, und zu unregelmäßigen Zeitpunkten erschien ein Mädchen, die, ein paar Tüten unterm Arm, aufschloß und dann 10 Minuten lang Zigarren und Zigaretten verkaufte. Ziffel hatte schon ein Kapitel von seinen Memoiren in der Brusttasche und lauerte auf Kalle. Als er eine Woche lang nicht kam, dachte Ziffel schon, er habe das Kapitel umsonst geschrieben, und stoppte alle weitere Arbeit. Er kannte außer Kalle niemand in H., der deutsch sprach. Aber am zehnten oder elften Tag erschien Kalle und zeigte keine besonderen Anzeichen von Schrecken, als Ziffel sein Manuskript hervorzog.

Ziffel
Ich fange an mit einer Einleitung, in der ich in bescheidenem Ton darauf aufmerksam mache, daß meine Meinungen, die ich vorzubringen gedenke, wenigstens bis vor kurzem noch die Meinungen von Millionen waren, so daß sie also doch nicht ganz uninteressant sein *können*. Ich überspring die Einleitung und noch ein Stück und komme gleich auf die Ausführungen über die Erziehung, die ich genossen habe. Diese Ausführungen halt ich nämlich für sehr wissenswert, stellenweise für ausgezeichnet, beugen Sie sich ein wenig vor, daß der Lärm hier Sie nicht stört. *Er liest:* »Ich weiß,

daß die Güte unserer Schulen oft bezweifelt wird. Ihr großartiges Prinzip wird nicht erkannt oder nicht gewürdigt. Es besteht darin, den jungen Menschen sofort, im zartesten Alter in die *Welt, wie sie ist,* einzuführen. Er wird ohne Umschweife und ohne daß ihm viel gesagt wird, in einen schmutzigen Tümpel geworfen: Schwimm oder schluck Schlamm!

Die Lehrer haben die entsagungsreiche Aufgabe, Grundtypen der Menschheit zu verkörpern, mit denen es der junge Mensch später im Leben zu tun haben wird. Er bekommt Gelegenheit, vier bis sechs Stunden am Tag Roheit, Bosheit und Ungerechtigkeit zu studieren. Für solch einen Unterricht wäre kein Schulgeld zu hoch, er wird aber sogar unentgeltlich, auf Staatskosten geliefert.

Groß tritt dem jungen Menschen in der Schule in unvergeßlichen Gestaltungen der *Unmensch* gegenüber. Dieser besitzt eine fast schrankenlose Gewalt. Ausgestattet mit pädagogischen Kenntnissen und langjähriger Erfahrung erzieht er den Schüler zu seinem Ebenbild.

Der Schüler lernt alles, was nötig ist, um im Leben vorwärts zu kommen. Es ist dasselbe, was nötig ist, um in der Schule vorwärts zu kommen. Es handelt sich um Unterschleif, Vortäuschung von Kenntnissen, Fähigkeit, sich ungestraft zu rächen, schnelle Aneignung von Gemeinplätzen, Schmeichelei, Unterwürfigkeit, Bereitschaft, seinesgleichen an die Höherstehenden zu verraten usw. usw.

Das Wichtigste ist doch die Menschenkenntnis. Sie wird in Form von Lehrerkenntnis erworben. Der Schüler muß die Schwächen des Lehrers erkennen und sie auszunützen verstehen, sonst wird er sich niemals dagegen wehren können, einen ganzen Rattenkönig völlig wertlosen Bildungsgutes hineingestopft zu bekommen. Unser bester Lehrer war ein großer erstaunlich häßlicher Mann, der in seiner Jugend, wie es hieß, eine Professur angestrebt hatte, mit diesem Versuch aber gescheitert war. Diese Enttäuschung brachte alle in ihm schlummernden Kräfte zu voller Entfaltung. Er liebte es, uns unvorbereitet einem Examen zu unterwerfen, und stieß kleine Schreie der Wollust aus, wenn wir keine Antworten wußten. Beinahe noch mehr verhaßt machte er sich durch seine Gewohnheit, zwei bis drei Mal in der Stunde hinter die große Tafel zu gehen und aus der Rocktasche ein Stück nicht eingewickelten Käses zu fischen, den er dann, weiterlehrend, zermummelte. Er unterrichtete in Chemie, aber es hätte keinen Unterschied ausgemacht, wenn es Garnknäuelauflösen gewesen wäre. Er brauchte den Unterrichtsstoff, wie die Schauspieler eine Fabel brauchen, um *sich* zu zeigen. Seine Aufgabe war es, aus uns *Menschen* zu machen. Das gelang ihm nicht schlecht. Wir lernten keine Chemie bei ihm, wohl aber, wie man sich rächt. Alljährlich kam ein Schulkommissar und es hieß, er wolle sehen, wie wir lernten. Aber wir wußten, daß er sehen wollte, wie die Lehrer lehrten. Als er wieder einmal kam, benützten wir die Gelegenheit, unsern Lehrer zu brechen. Wir beantworteten keine einzige Frage und saßen wie Idioten. An diesem Tage zeigte der Mensch keine Wollust bei unserem Versagen. Er bekam die Gelbsucht, lag lange krank und wurde, zurückgekehrt, nie wieder der alte, wollüstige Käsemummler. Der Lehrer der französischen Sprache hatte eine andere Schwäche. Er huldigte einer bösartigen Göttin, die schreckliche Opfer verlangt, der Gerechtigkeit. Am geschicktesten zog daraus mein Mitschüler B. Nutzen. Bei der Korrektur der schriftlichen Arbeiten, von deren Güte das Aufrücken in die nächste Klasse abhing, pflegte der Lehrer auf einem besonderen Bogen die Anzahl der Fehler hinter jedem Namen zu notieren. Rechts davon stand dann auf seinem Blatt die Note, so daß er einen guten Überblick hatte. Sagen wir, 0 Fehler ergab eine I, die beste Note, 10 Fehler ergaben eine II usw. In den Arbeiten selber waren die Fehler rot unterstrichen. Nun versuchten die Unbegabten mitunter, mit Federmessern ein paar rote Striche auszuradieren, nach vorn zu gehen und den Lehrer darauf aufmerksam zu machen, daß die Gesamtfehlerzahl nicht stimmte, sondern zu groß angegeben war. Der Lehrer nahm dann einfach das Papier auf, hielt es seitwärts und bemerkte die glatten Stellen, die durch die Politur mit dem Daumennagel auf der radierten Fläche entstanden waren. B. ging anders vor. Er unterstrich in seiner schon korrigierten Arbeit mit roter Tusche einige vollkommen richtige Passagen und ging gekränkt nach vorn, zu fragen, was denn da falsch sei. Der Lehrer mußte zugeben, daß da nichts falsch sei, selber seine roten Striche ausradieren und auf seinem Blatt die Gesamtfehlerzahl herabsetzen. Dadurch änderte sich dann natürlich auch die Note. Man wird zugeben, daß dieser Schüler in der Schule denken gelernt hatte.

Der Staat sicherte die Lebendigkeit des Unterrichts auf eine sehr einfache Weise. Dadurch, daß jeder Lehrer nur ein ganz bestimmtes Quantum Wissen vorzutragen hatte und dies jahraus, jahrein, wurde er gegen den Stoff selber völlig abgestumpft und durch ihn nicht mehr vom Hauptziel abgelenkt: dem sich Ausleben vor den Schülern. Alle seine privaten Enttäuschungen, finanziellen Sorgen, familiären Mißgeschicke erledigte er im Unterricht, seine Schüler so daran beteiligend. Von keinerlei stofflichem Interesse fortgerissen, vermochte er sich darauf zu konzentrieren, die Seelen der jungen Leute auszubilden und ihnen alle Form des Unterschleifs beizubringen. So bereitete er sie auf den Eintritt in eine Welt vor, wo ihnen gerade solche Leute wie er entgegentreten, verkrüppelte, beschädigte, mit allen Wassern gewaschene. Ich höre, daß die Schulen oder wenigstens einige von ihnen heute auf anderen Prinzipien aufgebaut seien als zu meiner Schulzeit. Die Kinder würden in ihnen gerecht und verständig behandelt. Wenn dem so wäre, würde ich es sehr bedauern. Wir lernten noch in der Schule solche Dinge wie Standesunterschiede, das gehörte zu den Lehrfächern. Die Kinder der besseren Leute wurden besser behandelt als die der Leute, welche arbeiteten. Sollte dieses Lehrfach aus den Schulplänen der heutigen Schulen entfernt worden sein, würden die jungen Menschen diesen Unterschied in der Behandlung, der so unendlich wichtig ist, also erst im Leben kennenlernen. Alles, was sie in der Schule, im Verkehr mit den Lehrern, gelernt hätten, müßte sie draußen im Leben, das so sehr anders ist, zu den lächerlichsten Handlungen verleiten. Sie wären kunstvoll darüber getäuscht, wie sich die Welt ihnen gegenüber benehmen wird. Sie würden fair play, Wohlwollen, Interesse erwarten und ganz und gar ungezogen, ungerüstet, hilflos der Gesellschaft ausgeliefert sein.

Da wurde ich doch ganz anders vorbereitet! Ich trat ausgerüstet

mit soliden Kenntnissen über die Natur der Menschen ins Leben ein.
Ich hatte, nachdem meine Erziehung einigermaßen abgeschlossen war, Grund zu der Erwartung, daß ich, mit einigen mittleren Untugenden ausgestattet und einige nicht allzu schwere Scheußlichkeiten noch erlernend, halbwegs passabel durchs Leben kommen würde. Das war eine Täuschung. Eines Tages wurden plötzlich Tugenden verlangt.« Und damit schließ ich für heut, weil ich Sie jetzt gespannt habe.

Kalle
Ihr milder Standpunkt gegenüber der Schule ist ungewohnt und sozusagen von einer hohen Warte aus. Jedenfalls seh ich erst jetzt, daß auch ich was gelernt hab. Ich erinnere mich, daß wir gleich am ersten Tag eine gute Lektion erhalten haben. Wie wir ins Klassenzimmer gekommen sind, gewaschen und mit einem Ranzen, und die Eltern weggeschickt waren, sind wir an der Wand aufgestellt worden, und dann hat der Lehrer kommandiert: »Jeder einen Platz suchen«, und wir sind zu den Bänken gegangen. Weil ein Platz zu wenig da war, hat ein Schüler keinen gefunden und ist im Gang zwischen den Bänken gestanden, wie alle gesessen sind. Der Lehrer hat ihn stehend erwischt und ihm eine Maulschelle gelangt. Das war für uns alle eine sehr gute Lehre, daß man nicht Pech haben darf.

Ziffel
Das war ein Genius von einem Lehrer. Wie hat er geheißen?

Kalle
Herrnreitter.

Ziffel
Ich wunder mich, daß er einfacher Volksschullehrer geblieben ist. Er muß einen Feind in der Schulverwaltung gehabt haben.

Kalle
Ganz gut war auch ein Brauch, den ein anderer Lehrer eingeführt hat. Er hat das Ehrgefühl erwecken wollen, hat er gesagt. Wenn einer ...

Ziffel
Ich bin immer noch bei Herrnreitter, entschuldigen Sie. Ein wie feines Modell im Kleinen der aufgestellt hat mit seinen einfachen Mitteln, einem gewöhnlichen Klassenzimmer mit zu wenig Bänken, und doch habt ihr die Welt, die euch erwartet hat, klar vor Augen gehabt nach so was. Nur mit ein paar kühnen Strichen hat er sie skizziert, aber doch ist sie phantastisch vor euch gestanden, von einem Meister hingestellt! Und ich wett, er hats ganz instinktiv gemacht, aus der reinen Intuition heraus! Ein einfacher Volksschullehrer!

Kalle
Jedenfalls erfährt er so eine späte Würdigung. Das andere war viel gewöhnlicher. Er war für Reinlichkeit. Wenn einer ein schmutziges Sacktuch benutzt hat, weil seine Mutter ihm kein reines gehabt hat, hat er aufstehen und mit dem Sacktuch winken und sagen müssen: »Ich habe eine Rotzfahne.«

Ziffel
Das ist auch brav, aber nicht mehr als Mittelmaß. Sie sagen selbst, er wollt Ehrgefühl erwecken. Das ist ein konventioneller Geist.

Herrnreitter hatte den Funken. Er gab keine Lösung. Er stellte nur groß das Problem hin, spiegelte nur die Wirklichkeit wider. Überließ die Schlußfolgerung völlig euch selbst! Das wirkt natürlich ganz anders befruchtend. Für die Bekanntschaft mit diesem Geist bin ich Ihnen zu Dank verpflichtet.

Kalle
Bittschön.

Kurz darauf schieden sie voneinander und entfernten sich, jeder an seine Statt.

Prinzip
Prinzipien sind Grundsätze, Regeln, die meist auf Grund von Erfahrungen aufgestellt werden. Wenn man durch falsches Durchdenken von Erfahrungen falsche Prinzipien aufstellt und nach diesen lebt, kann das gefährliche Folgen haben. Man kann Prinzipien haben, sollte sie jedoch ständig überprüfen.
Meist sind Prinzipien überflüssig.
Passabel
Ein passabler Zustand ist ein erträglicher Zustand. Jemanden passabel finden ist meistens mehr Ausrede als Zustimmung, d. h. man findet Leute solange passabel bis noch passablere auftauchen.

Die ärmeren Mitschüler aus den Vorstädten

Die ärmeren Mitschüler in ihren dünnen Paletoten
Kamen des Morgens immer zu spät in die Stunde
Da sie ihren Müttern Milch oder Zeitungen austrugen.

Die Lehrer
Schrieben sie schimpfend in das Tadelbuch.

Sie hatten keine Frühstückspakete. In den Pausen
Schrieben sie auf den Abtritten ihre Aufgaben.
Das war verboten. Die Pause
Sollte der Erholung und dem Essen dienen.

Wenn sie die Ludlofsche Zahl π nicht wußten
Fragten die Lehrer sie: Warum
Bleibst du nicht in der Gosse, aus der du kommst?
Aber das wußten sie.

Den ärmeren Schülern aus den Vorstädten
Waren kleine Posten versprochen im Staatsdienst.
Darum lernten sie den Inhalt ihrer
Schmutzig gekauften Bücher auswendig im Schweiß ihres
      Angesichts
Lernten den Lehrern die Stiefel lecken und
Ihre eigenen Mütter verachten.

Die kleinen Posten der ärmsten Schüler aus den Vorstädten
Lagen unter dem Boden. Ihre Kontorstühle
Hatten keine Sitze. Ihre Aussichten
Bestanden aus den Wurzeln der kurzen Pflanzen.
      Wozu hat man sie
Griechische Grammatik lernen lassen und Cäsars Feldzüge
Die Formel des Sulphurs und die Zahl π?
In den flandrischen Massengräbern, für die sie vorgesehen waren
Was brauchten sie da anders als
Ein wenig Kalk?

Offener Brief an den Deutschen Bundestag Bonn

Gestatten Sie mir, als einem Schriftsteller, zu der Furcht einflößenden Frage einer Wiedereinführung der *Wehrpflicht* Stellung zu nehmen.

Als ich ein junger Mensch war, gab es in Deutschland eine Wehrpflicht, und ein Krieg wurde begonnen, der verlorenging. Die Wehrpflicht wurde abgeschafft, aber als Mann erlebte ich, wie sie wieder eingeführt wurde, und ein zweiter Krieg wurde begonnen, größer als der erste. Deutschland verlor ihn wieder und gründlicher und die Wehrpflicht wurde wieder abgeschafft. Diejenigen, die sie eingeführt hatten, wurden von einem Weltgerichtshof gehängt, soweit man ihrer habhaft werden konnte. Jetzt, an der Schwelle des Alters, höre ich, daß die Wehrpflicht zum dritten Mal eingeführt werden soll.

Gegen wen ist der dritte Krieg geplant? Gegen Franzosen? Gegen Polen? Gegen Engländer? Gegen Russen? *Oder gegen Deutsche?* Wir leben im Atomzeitalter, und 12 Divisionen können einen Krieg nicht gewinnen – wohl aber beginnen. Und wie sollten es bei allgemeiner Wehrpflicht 12 Divisionen bleiben? Wollt Ihr wirklich den ersten Schritt tun, den ersten Schritt in den Krieg? Den letzten Schritt, den in das Nichts, werden wir dann alle tun. Und wir wissen doch alle, daß es friedliche Möglichkeiten der Wiedervereinigung gibt, freilich nur friedliche. Uns trennt ein Graben, soll er befestigt werden? Krieg hat uns getrennt, nicht Krieg kann uns wieder vereinigen.

Keines unserer Parlamente, wie immer gewählt, hat von der Bevölkerung Auftrag oder Erlaubnis, eine allgemeine Wehrpflicht einzuführen.

Da ich gegen den Krieg bin, bin ich gegen die Einführung der Wehrpflicht in beiden Teilen Deutschlands, und da es eine Frage auf Leben und Tod sein mag, schlage ich eine Volksbefragung darüber in beiden Teilen Deutschlands vor.
4. Juli 1956

Meinungsfreiheit*

Kalle
Schlimmer ist, daß bei Meinungsfreiheit nie darüber geredet wird, wie man eine Meinung kriegen kann. Zuerst müßte ich doch instand gesetzt werden, daß ich mir eine Meinung bilde. Wenn es aber Leute gibt, die dagegen sind und die Druckerpressen, den Nachrichtenapparat, die Schreiber und das Papier besitzen, nützt es mir nicht, wenn mir erlaubt wird, daß ich eine Meinung aussprechen darf.

EINE NEUE ZEIT
PROLETARIER ALLER LÄNDER VEREINIGT EUCH!
MITTELALTER
BERTOLT BRECHT
ZWERGSCHUL LESEBUCH
JMPRIMATUR

Über das Lesen von Büchern

Viele, sagte Me-ti, sehe ich Bücher lesen, eine schwierige Kunst, die sie niemand gelehrt hat. Ihre Vorkenntnisse reichen weder aus, die Schwächen, noch die Stärken von Büchern zu erkennen. Ich will nicht von wissenschaftlichen Büchern reden, die fast immer so geschrieben sind, daß Wissen nötig ist, um Wissen zu erwerben. Aber auch die Erzählungen sind schwer lesbar. Meist erreicht der Verfasser im Handumdrehen, daß der Leser sich mehr für die Welt seines Buches interessiert, als sein Buch sich für die Welt interessiert. Er macht den Leser die Welt vergessen über dem Buch, das sie beschreiben soll. Mit einigen leicht erlernbaren aber schwer durchschaubaren Tricks wird eine Spannung erzeugt, die den Leser vergessen macht, was vorgeht, indem sie ihn neugierig macht, wie es weitergeht. Um weitere Lügen zu erfahren, schluckt er die schon erfahrenen. Ein Schriftsteller, der so schreibt, daß sein Leser imstande ist, das Buch ab und zu wegzulegen, um das Gelesene zu überdenken und die Gedanken des Verfassers mit den eigenen zu vergleichen, gilt als [ein] wenig schwach. Es heißt von ihm, er könne mit seinem Leser nicht anfangen was er wolle. Nach der landläufigen Ästhetik müssen die Gedanken der Verfasser überhaupt versteckt sein, möglichst schwer ausziehbar. Außerdem soll sich der Leser fragen: Was hat der Schreiber von dem, was er gewollt hat, erreicht. Nicht [ob] es richtig war zu morden, sondern ob richtig gemordet wurde, soll untersucht werden. In Wirklichkeit müssen die Bücher gelesen werden als die Schriften von Verdächtigen, die sie sind. Wie anders als mit dem äußersten Mißtrauen soll man die Erzählungen von Leuten hinnehmen, die entweder mithelfen, Hilflose in gewaltigen Mengen in blutige Kriege zu treiben, oder selber hilflos hineingetrieben werden? Die das Getreide verfaulen und die Menschen verhungern lassen? Die treten oder sich treten lassen?

Ästhetik
Die Ästhetik war ursprünglich die Lehre von der Erkenntnis durch sinnliche Wahrnehmung. Nach den alten Griechen hat sich die Bedeutung dahin verändert, daß man heute die Wissenschaft von der Kunst, ihrem Wesen, ihrem Verhältnis zur Wirklichkeit usw. darunter versteht. Die Ästhetik wird vor allem von den Ästheten mißverstanden, die meistens einseitig schöngeistige Schwärmer sind.

Über Schillers Gedicht »Die Bürgschaft«

O edle Zeit, o menschliches Gebaren!
Der eine ist dem andern etwas schuld.
Der ist tyrannisch, doch er zeigt Geduld
Und läßt den Schuldner auf die Hochzeit fahren.

Der Bürge bleibt. Der Schuldner ist heraus.
Es weist sich, daß natürlich die Natur
Ihm manche Ausflucht bietet, jedoch stur
Kehrt er zurück und löst den Bürgen aus.

Solch ein Gebaren macht Verträge heilig.
In solchen Zeiten kann man auch noch bürgen.
Und, hat's der Schuldner mit dem Zahlen eilig
Braucht man ihn ja nicht allzustark zu würgen.
Und schließlich zeigte es sich ja auch dann:
Am End war der Tyrann gar kein Tyrann!

Tyrann
Ein Tyrann ist ein Gewaltherrscher. Tyrannen sind herrschsüchtig und selbstherrlich und zeichnen sich durch brutale und unmenschliche Behandlung anderer Menschen aus. Tyrannen unterdrücken immer die Freiheit anderer. Es gibt auch Haustyrannen.

»Don Carlos«

Ich habe den »Don Carlos«, weiß Gott, je und je geliebt. Aber in diesen Tagen lese ich in Sinclairs »Sumpf« die Geschichte eines Arbeiters, der in den Schlachthöfen Chicagos zu Tod gehungert wird. Es handelt sich um einfachen Hunger, Kälte, Krankheit, die einen Mann unterkriegen, so sicher, als ob sie von Gott eingesetzt seien. Dieser Mann hat einmal eine kleine Vision von Freiheit, wird dann mit Gummiknüppeln niedergeschlagen. Seine Freiheit hat mit Carlos' Freiheit nicht das mindeste zu tun, ich weiß es: aber ich kann Carlos' Knechtschaft nicht mehr recht ernst nehmen. (Auch ist die Freiheit beim Schiller immer nur gefordert, in anerkannt schönen Arien, zugegeben, aber sie könnte vielleicht auch dasein, in irgendeinem Menschen, aber Posa und Carlos und Philipp: Opernsänger, gratis für Beifall.) Aber sonst ist »Don Carlos« eine schöne Oper.

»Don Carlos-Kritik«
Brecht schrieb in der Zeit vom 21. Oktober 1919 bis zum 12. Januar 1921 regelmäßig Theaterkritiken für den »Volkswillen«, die Tageszeitung der Unabhängigen Sozialdemokratischen Partei für Schwaben und Neuburg. Wir haben die Kritik gekürzt, da uns Brechts Gedanke zu Don Carlos' Freiheit wichtig ist und nicht seine Kritik der damaligen Aufführung.

Der einzige Zuschauer für meine Stücke*

Als ich »Das Kapital« von Marx las, verstand ich meine Stücke. Man wird verstehen, daß ich eine ausgiebige Verbreitung dieses Buches wünsche. Ich entdeckte natürlich nicht, daß ich einen ganzen Haufen marxistischer Stücke geschrieben hatte, ohne eine Ahnung zu haben. Aber dieser Marx war der einzige Zuschauer für meine Stücke, den ich je gesehen hatte. Denn einen Mann mit solchen Interessen mußten gerade diese Stücke interessieren. Nicht wegen ihrer Intelligenz, sondern wegen der seinigen. Es war Anschauungsmaterial für ihn. Das kam, weil ich so wenig Ansichten besaß wie Geld, und weil ich über Ansichten dieselbe Ansicht hatte wie über Geld: Man muß sie haben zum Ausgeben, nicht zum Behalten.

Das Kapital
Das wichtigste Werk von Karl Marx. Darin enthüllt Marx das wirtschaftliche Bewegungsgesetz der modernen, d. h. der kapitalistischen, der bürgerlichen Gesellschaft. Es enthält u. a.: Eine Analyse von Geld und Ware, die Verwandlung von Geld in Kapital, die Verwandlung von Arbeitskraft in Arbeitslohn, den Kreislauf des Kapitals, Unternehmergewinne, Profite und viele aufregende Kapital-Geschichten mehr. Es ist ein sehr spannendes Buch. Auch heute noch, obwohl es Marx schon vor über hundert Jahren geschrieben hat.
Karl Marx
Alle Philosophen vor Marx haben die Welt nur verschieden interpretiert (gedeutet, erklärt). Marx war der erste, der sagte: Es kommt darauf an, sie zu verändern.

Sorgfältig prüf ich
Meinen Plan: er ist
Groß genug, er ist
Unverwirklichbar.

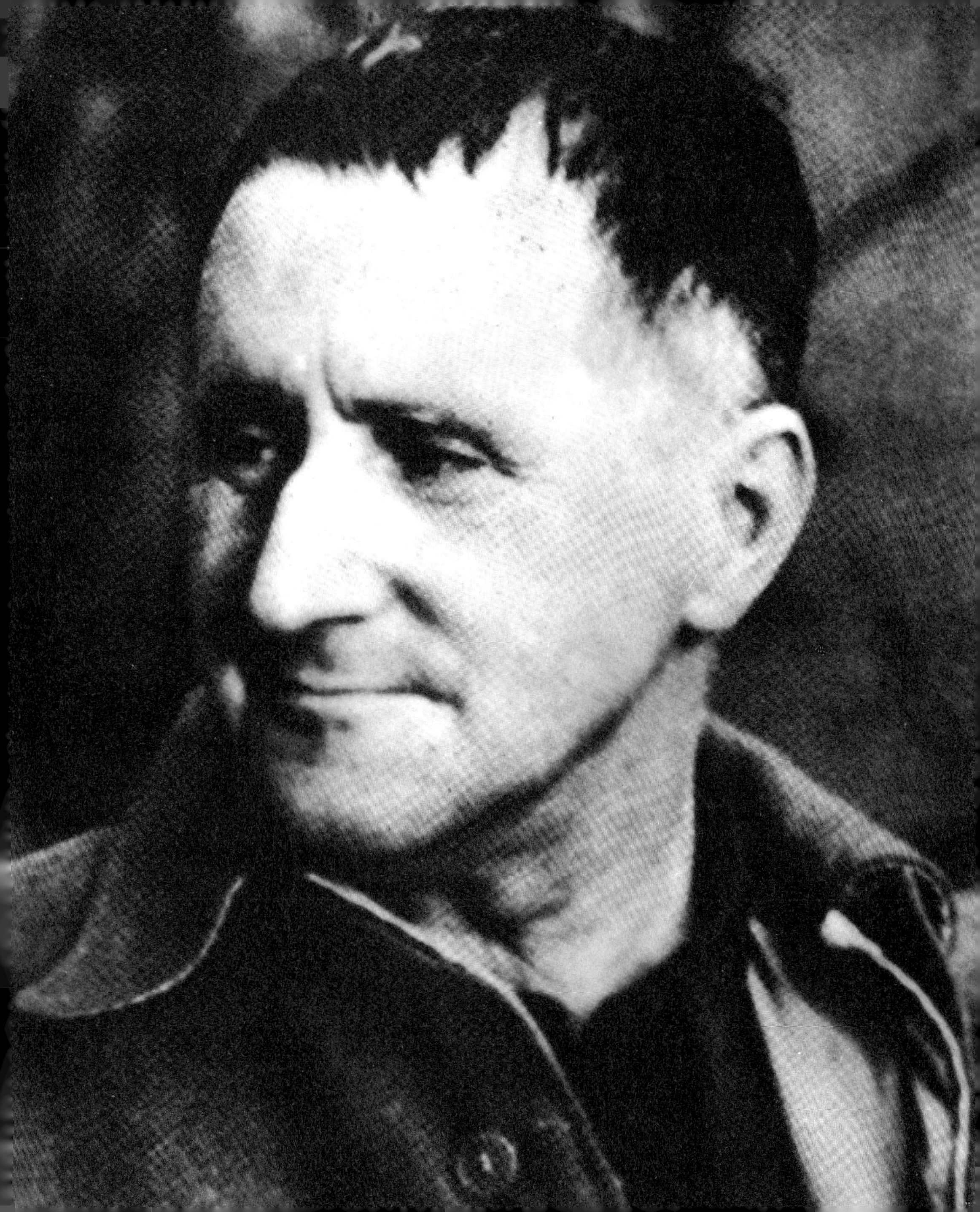

Erst wollten wir an dieser Stelle die Lebengeschichte von Bertolt Brecht ausführlich aufschreiben. Sein Gedicht ›An die Nachgeborenen‹ aber macht das überflüssig. Brecht sagt darin, wie er lebte und in welchen Umständen und warum er gegen die Herrschenden kämpfte.
Jemand, der gegen das Unrecht kämpfen muß und zornig ist, kann schwer freundlich sein. Jemand, der hungert und dessen Kinder an Hunger sterben, kann schwer freundlich sein. Jemand, der verprügelt oder totgeschossen wird, weil er mit der Lüge nicht einverstanden ist, kann schwer freundlich sein.
Es ist leicht, freundlich zu sein, wenn man reich ist und sich alle Wünsche erfüllen kann. Zwar schützt auch der Reichtum vor Sorgen nicht, aber er schützt vor Hunger.
Wenn wir erreichen wollen, daß mehr Freundlichkeit in der Welt ist, dann müssen wir dafür sorgen, daß es uns und allen anderen, die in der Welt leben, gut geht. Und gut gehen kann es dem Menschen nur, wenn der Mensch nicht mehr vom Menschen unterdrückt wird. Und dafür hat Brecht gekämpft: Daß die Menschen frei werden, damit sie freundlich sein können.

An die Nachgeborenen

I
Wirklich, ich lebe in finsteren Zeiten!
Das arglose Wort ist töricht. Eine glatte Stirn
Deutet auf Unempfindlichkeit hin. Der Lachende
Hat die furchtbare Nachricht
Nur noch nicht empfangen.

Was sind das für Zeiten, wo
Ein Gespräch über Bäume fast ein Verbrechen ist
Weil es ein Schweigen über so viele Untaten einschließt!
Der dort ruhig über die Straße geht
Ist wohl nicht mehr erreichbar für seine Freunde
Die in Not sind?

Es ist wahr: ich verdiene noch meinen Unterhalt
Aber glaubt mir: das ist nur ein Zufall. Nichts
Von dem, was ich tue, berechtigt mich dazu, mich sattzuessen.
Zufällig bin ich verschont. (Wenn mein Glück aussetzt, bin
    ich verloren.)

Man sagt mir: Iß und trink du! Sei froh, daß du hast!
Aber wie kann ich essen und trinken, wenn
Ich dem Hungernden entreiße, was ich esse, und
Mein Glas Wasser Verdurstenden fehlt?
Und doch esse und trinke ich.

Ich wäre gerne auch weise.
In den alten Büchern steht, was weise ist:
Sich aus dem Streit der Welt halten und die kurze Zeit
Ohne Furcht verbringen
Auch ohne Gewalt auskommen
Böses mit Gutem vergelten

Seine Wünsche nicht erfüllen, sondern vergessen
Gilt für weise.
Alles das kann ich nicht:
Wirklich, ich lebe in finsteren Zeiten!

II
In die Städte kam ich zur Zeit der Unordnung
Als da Hunger herrschte.
Unter die Menschen kam ich zur Zeit des Aufruhrs
Und ich empörte mich mit ihnen.
So verging meine Zeit
Die auf Erden mir gegeben war.
Mein Essen aß ich zwischen den Schlachten
Schlafen legte ich mich unter die Mörder
Der Liebe pflegte ich achtlos
Und die Natur sah ich ohne Geduld
So verging meine Zeit
Die auf Erden mir gegeben war.

Die Straßen führten in den Sumpf zu meiner Zeit.
Die Sprache verriet mich dem Schlächter.
Ich vermochte nur wenig. Aber die Herrschenden
Saßen ohne mich sicherer, das hoffte ich.
So verging meine Zeit
Die auf Erden mir gegeben war.

Die Kräfte waren gering. Das Ziel
Lag in großer Ferne
Es war deutlich sichtbar, wenn auch für mich
Kaum zu erreichen.
So verging meine Zeit
Die auf Erden mir gegeben war.

III
Ihr, die ihr auftauchen werdet aus der Flut
In der wir untergegangen sind
Gedenkt
Wenn ihr von unseren Schwächen sprecht
Auch der finsteren Zeit
Der ihr entronnen seid.

Gingen wir doch, öfter als die Schuhe die Länder wechselnd
Durch die Kriege der Klassen, verzweifelt
Wenn da nur Unrecht war und keine Empörung.

Dabei wissen wir doch:
Auch der Haß gegen die Niedrigkeit
Verzerrt die Züge.
Auch der Zorn über das Unrecht
Macht die Stimme heiser. Ach, wir
Die wir den Boden bereiten wollten für Freundlichkeit
Konnten selber nicht freundlich sein.

Ihr aber, wenn es so weit sein wird
Daß der Mensch dem Menschen ein Helfer ist
Gedenkt unsrer
Mit Nachsicht.

Brecht wurde 1898 in Augsburg geboren und starb 1956 in Berlin. Er lebte in Deutschland, außer in den Jahren nach Hitlers Machtergreifung von 1933 bis nach dem großen Krieg 1947, die er im Exil in den skandinavischen Ländern und später in Kalifornien in den USA verbringen mußte. Nach seiner Rückkehr nach Europa im Jahre 1947 entschied er sich wieder für Berlin, wo er vor seiner Emigration schon gearbeitet und gelebt hatte, und zwar für den Teil Berlins, der später die Hauptstadt der DDR wurde.

Brecht wurde nicht einmal 60 Jahre alt. Zu früh starb er den meisten. Er war Lehrer für viele. An ›seinem‹ Theater, dem 1949 gegründeten BERLINER ENSEMBLE, das auch das Brecht Ensemble genannt wird und zu den besten und berühmtesten Theatern in der Welt gehört, probierte er neue Arbeitsmethoden und -möglichkeiten aus, um das Theater im marxistischen Sinne zu erneuern.

Er leitete das Theater zusammen mit seiner Frau Helene Weigel bis zu seinem Tode, und viele der dort erarbeiteten Aufführungen wurden beispielhaft für die Forderung nach der Einheit von Inhalt und Form.

Brecht war ein fleißiger Arbeiter. Er schrieb fast dreißig große Theaterstücke, dazu sechs Stückbearbeitungen, verschiedene Einakter, Lehrstücke, über 2000 Gedichte, zahlreiche Geschichten, wichtige theoretische Aufsätze und Reden zur Politik und Gesellschaft, zur Literatur und Kunst, zum Theater und zum Schauspielerberuf.

Wer das vorliegende Buch gelesen hat, hat nur einen ganz kleinen Teil kennengelernt, von dem, was Brecht geschrieben hat.

Wir hoffen, daß dieser kleine Teil Anstoß genug ist, mehr und anderes von Brecht auch zu lesen.

monika und martin sperr

Günther Feustel

Ein Indio darf den Tag nicht verschlafen

Eine Geschichte aus Lateinamerika mit einem Bericht über eine Reise nach Potosi von Gunhild Niggestich.
96 Seiten DM 9.80

Der Indio junge Jose hat Hunger. Er geht aus dem Andendorf weg in die Stadt Potosi. Essen kostet Geld und Geld gibt es nur für Arbeit. Jose findet keine Arbeit. Jeder 3. Indio findet keine Arbeit in Potosi.

Es ist ein wunderschönes Auto – blau wie der Himmel über Potosi und silberglänzend wie der See in den Bergen bei Puna. Bocamino zieht Jose ein Stück in eine Nebenstraße zurück. Er legt den Knöchel der Hand an den Mund. Ein lauter Pfiff –. Da kommen die anderen herangelaufen. Sie gehen langsam zu dem silberglänzenden Auto zurück. Sie warten, bis niemand mehr in den Straßen zu sehen ist. Pepe öffnet blitzschnell den Kofferraum. Die Jungen stehen wie eine dichte Mauer um Pepe. Und plötzlich rollt Pepe einen Reifen auf die Straße. Die Jungen beginnen zu laufen. Und mit ihnen rollt der Reifen – schneller und schneller, hinein in die kleinen, engen Gassen, durch Mauerlücken, über winzige, verschmutzte Höfe, vorbei an den Ställen. Jose läuft. Endlich bleibt Pepe stehen. Sie sind in der Vorstadt von Potosi. Hier stehen die engsten und kleinsten Hütten der Stadt. "Meine Mutter in Puna kennt viele Sprüche. Und einer heißt: Was mein ist, ist mein – was dein ist, ist dein, und was ihnen gehört, gehört ihnen!" Da wird Pepe ganz ernst. "Und wer vor Hunger sterben will, der darf vor Hunger sterben!" Jose kennt Hunger.

Mit Joses Geschichte vermittelt sich die soziale Situation in den Ländern Lateinamerikas. Alle Aussagen darüber bleiben im konkreten Erfahrungsbereich Joses und das macht sie nachvollziehbar für den Leser hier.

Weismann Verlag Jugendbücher

Hans Mathes Merkel · Das gute Recht des Räubers

Angelo Duca

Räuber: Es gab viele. Angelo Duca war ein besonderer. Ein einfacher Bauer bis über das 40. Lebensjahr. Dann hatte er einen Streit mit seinem Gutsherrn, schießt dessen Pferd über den Haufen und flieht zu den Räubern. Bald hat er eine eigene Bande und seine eigene Methode. Bei seinen Überfällen wendet er keine Gewalt an, verteilt von der Beute nur, was jeder braucht. Den Rest gibt er denen, die in Armut und Bedrängnis leben. Angelo Duca war sehr beliebt und wurde noch zu Lebzeiten Legende. Hans Mathes Merkel hat nach alten Dokumenten die abenteuerliche Geschichte seines Lebens aufgeschrieben.
224 Seiten DM 14.80

"In ökonomisch rückständigen Ländern, wo keine starke Bourgeosie, kein trotziges Kleinbürgertum, kein kampffähiges Proletariat dem Absolutismus und Fanatismus gegenüberstehen, erscheint Räubertum leicht als einzig mögliche Form der Auflehnung gegen Gesellschaft und Staat."
Franz Mehring

Weismann Verlag